KB205453

영적 순례자들을 위한 40일 묵상

기도하며 함께 걷는
바울의 길

Forty day Meditations for Spiritual Pilgrims

도서출판사 **TOBIA**

강신덕 목사는

서울신학대학교와 캐나다 밴쿠버 리젠트 칼리지에서 기독교교육과 제자훈련을 공부하고 기독교대한성결교회 총회 교육국에서 오랫동안 성서교재 만드는 일에 헌신했다. 현재는 샬롬교회 책임목사로 사역하고 있으며, 토비아선교회에서 순례와 말씀 아카데미 그리고 콘텐츠 선교로 헌신하고 있다. 그 외에 다양한 번역과 저술 활동에도 힘쓰고 있다. 저서로는 『성경여행』, 『예수의 길』, 『바울의 길』, 『갈릴리의 길』, 『이방의 길』, 『광야의 길』, 『요한의 길』, 『결실』, 『이 사람을 보라』, 『라헬의 눈물』, 『하나님의 어린양』 등이 있다. 번역서로는 『내향적인 그리스도인을 위한 교회 사용 설명서』(2022. IVP)가 있다.

영적 순례자들을 위한 40일 묵상

기도하며 함께 걷는 바울의길

Forty day Meditations for Spiritual Pilgrims

1판1쇄 2019년 1월 25일
2판1쇄 2022년 2월 18일
　2쇄 2025년 2월 5일

저자_강신덕
편집 디자인_정부선 조문섭
펴낸이_강신덕
펴낸곳_도서출판 토비아
등록_107-28-69342
주소_03383) 서울특별시 은평구 은평로 21길 31-12, 4층
　　T 02-738-2082 F 02-738-2083

ISBN: 979-11-91729-07-8　03230
책값은 뒤표지에 있습니다. 무단 전제와 복제를 금합니다.
* 도서출판 토비아는 토비아선교회가 순례, 말씀사역, 콘텐츠선교를 위해 세운
　출판브랜드입니다.

영적 순례자들을 위한 40일 묵상

기도하며 함께 걷는

바울의길

Forty day Meditations for Spiritual Pilgrims

도서출판사 **TOBIA**

"바울의 길" 묵상집은
순례하는 마음으로 믿음의 길을 가는 여러분을 위해 만들었습니다.

1. 일상에서 순례자로 말씀 묵상을 원하시는 분들에게 40일간의 묵상을 권합니다.
2. 국내외 성지순례를 계획하신다면 이 묵상집과 함께 순례의 길을 떠나시기 바랍니다.
3. 사순절과 고난주간 그리고 부활절을 묵상하며 보내는 자료로 활용하실 수 있습니다.
4. 새벽기도와 같은 공동체의 의미 있는 기도와 말씀 나눔에 활용하셔도 좋습니다.

토비아선교회 유튜브 채널

토비아선교회는 토비아 유튜브 채널을 통해 다양한 신앙콘텐츠를 제작하여 업로드하고 있습니다. 아래 QR코드를 스마트폰 카메라로 스캔하시면 토비아 유튜브 채널에서 제공하는 다양한 영상콘텐츠를 시청할 수있습니다.

랜선순례콘텐츠(시즌1 예수의 길, 시즌2 바울의 길 편)는 토비아선교회가 제작하여 유튜브채널을 통해 공개한 영상 성지순례입니다. 예수님께서 사역하신 역사와 지리, 그 현장의 이야기와 깊은 묵상의 주제를 함께 나눕니다.

토비아선교회
유튜브채널

토비아선교회
랜선순례콘텐츠

복음의 길

십자가의 길

Forty day Meditations for Spiritual Pilgrims

Prologue

바울의 길, 그의 열정과 심오함 그리고 진중한 헌신을 따르기

바울의 길은 거대합니다. 그는 회심한 후 사명의 길을 나서 한 사람이 걸었던 길이라 믿을 수 없을 만큼 광대한 영역을 여행했습니다. 바울은 지리 탐험가는 아니었습니다. 그가 그 모든 길을 걸었던 이유는 오직 하나, 그가 경험하고 알게 된 예수 그리스도를 전하기 위함이었습니다. 그래서 바울의 길은 그저 걷는 길이 아닙니다. 바울의 길에는 복음을 전하고자 하는 열정이 가득 차 있으며, 예수 그리스도를 당대 세계에 알리기 위한 심대한 고민이 있습니다. 그의 길에는 예수님의 사도로서 끝까지 헌신하기를 원했던 자기희생이 있습니다.

바울의 길은 잠깐의 여행에도 피곤함을 앞세우는 우리, 자신이 길에 대해마저도 깊은 탐구 정신을 찾기 어려운 우리, 진리를 구현하려는 의지가 박약한 우리를 깨우치는 계몽자의 발걸음입니다. 바울의 길을 함께 걷는 것은 모든 시대를 아우르는 진리를 추구하려 했던 그의 열정을 우리 마음에 심는 일입니다. 바울의 길은 깊이로 탐닉하고자 했던 그의 원대함을 우리 삶에 각인하는 일입니다. 바울의 길은 오직 진리를 위해 죽기까지 헌신한 그 위대함을 우리 가운데 북돋우는 일입니다.

흑암에 앉은 백성이 큰 빛을 보았고
사망의 땅과 그늘에 앉은 자들에게
빛이 비치었도다 하였느니라

마태복음 4장 16절

이 묵상의 글과 더불어 바울의 길을 실제로 걸어보기를 권합니다. 무엇보다 성경을 읽으며 묵상하기를 권합니다. 바울의 길은 우리를 열정으로, 심오함으로 그리고 진중함으로 인도합니다. 그 길의 끝에서 우리는 사명으로 산다는 것, 열정으로 산다는 것, 헌신하며 산다는 것, 그렇게 인생을 하늘 나그네로 살아간다는 것의 참 의미를 깨닫게 될 것입니다. 바울처럼 말입니다. 이제 바울의 길을 묵상하며 걷되 끝까지 가십시오. 책을 덮는 순간 변화된 마음, 훌쩍 커진 영혼, 이전과 비교할 수 없는 풍성한 삶을 마주하게 될 것입니다.

'바울의 길' 묵상집을 처음 내고 3년여가 지난 후 코로나19가 전 세계를 폭풍우처럼 강타하고 있을 때 홀연히 터키로 건너가 바울이 걸었던 길을 올곧이 다시 탐색할 기회를 얻었습니다. 그리고 그가 걸었던 여러 곳, 여러 길을 끝자락까지 다가가 체험했습니다. 이번 '바울의 길' 2판은 그 결실입니다. 더 의미 깊어지고 풍성해진 '바울의 길'에 여러분을 초대합니다.

녹번 토비아에서
강신덕

Forty day Meditations for Spiritual Pilgrims

히브리인의 길

Forty day Meditations for Spiritual Pilgrims

히브리인의 길

시온

하나님의 백성이 회복된 자리

고린도후서 3장 14절

그러나 그들의 마음이 완고하여 오늘까지도 구약을 읽을 때에
그 수건이 벗겨지지 아니하고 있으니 그 수건은 그리스도 안에서 없어질 것이라

70여 년 포로 생활을 마친 하나님의 백성들이 시온으로 돌아왔습니다. 이사야와 예레미야, 에스겔 등이 외친 예언이 드디어 성취되었습니다. 스룹바벨과 여호수아 그리고 에스라와 느헤미야 등의 지도자들은 차례로 예루살렘과 성전의 회복을 이루었습니다. 먼저 온 스룹바벨은 여호수아와 학개 및 스가랴 등과 함께 무너진 성전을 새롭게 건축했습니다. 한때 중단될 위기도 있었으나 그들은 현실의 어려움에 굴하지 않았고 마침내 새 성전을 건축했습니다. 느헤미야는 돌아온 백성의 삶의 중심, 예루살렘 도성을 복구했습니다. 그는 하나님의 백성의 삶의 자리가 바르게 세워지도록 했습니다. 무엇보다 에스라의 사역이 중요했습니다. 오래전 에스겔은 하나님의 백성이 포로에서 회복될 때 하나님의 영이 그들의 새 마음에 임하여 새롭고 건강한 삶의 질서를 세울 것이라고 말했습니다겔 11:19. 에스라는 에스겔 예언의 구현을 위해 포로에서 돌아온 하나님의 백성들을 궁극의 회복의 자리로 인도했습니다. 에스라는 예루살렘 수문 앞 광장에서 성실하게 그 일을 실천했습니다느 8:1-12. 그런데 이 모든 회복 운동은 온전한 결실을 보지 못했습니다. 하나님의 백성의 마음은 여전히 불순종

"그러나 그들의 마음이 완고하여 오늘까지도 구약을 읽을
때에 그 수건이 벗겨지지 아니하고 있으니
그 수건은 그리스도 안에서 없어질 것이라"

고린도후서 3장 14절

으로 단단했고, 세상 모든 피조물의 구원을 위한 하나님의 열망과 사이에 거리감은 여전했습니다. 세상 이방 나라들 역시 하나님의 구원 계획과 그 백성들의 비전을 무너뜨리려는 기세가 더욱 등등해져 갔습니다.

겉모습만 완성된 성전과 세상과 거리감만 갖게 하는 예루살렘 성의 외벽들, 그리고 자기중심 해석들로만 가득한 율법으로는 온전한 회복과 구원 성취의 길이 열릴 수 없었습니다. 예루살렘 성과 성전은 세상과 하나님 사이에서 자기들만의 '게토Ghetto'를 굳건하게 할 뿐이었습니다. 중요한 것은 마음입니다. 예지자들은 그 모든 허울과 외식보다 하나님을 향한 마음이 중요하다고 했습니다. 예수님도 마음을 다하여 하나님 사랑하는 일이 중요하다고 하셨습니다. 바울은 '모세의 수건'출 34:35이 마음을 덮고 있는 한 하나님을 향한 참 신앙 회복의 길은 열리지 않는다고 말합니다. 진정한 회복의 역사는 그 마음에 하나님의 빛, 성령의 빛이 들 때 일어납니다. 바울의 길은 미완성인 채로 남은 하나님의 백성의 자리에서 시작합니다.

시온을 바라보며 드리는 기도
하나님 우리가 마음으로부터 새로워진 하나님의 백성이 되게 하소서.

디아스포라

하나님의 백성의 흩어진 자리

로마서 9장 3절

나의 형제 곧 골육의 친척을 위하여 내 자신이 저주를 받아
그리스도에게서 끊어질지라도 원하는 바로라

　　주전 539년 페르시아의 고레스가 바벨론을 무너뜨리고 새 나라를
세웠을 때, 포로 신세이던 유대인들은 드디어 예루살렘으로 돌아왔
습니다. 그러나 하나님의 백성들 모두가 포로로부터 돌아온 것은 아
니었습니다. 동방의 페르시아와 서방의 헬라가 통치하는 내내 하나
님의 백성들은 예루살렘이 아닌 전 세계로 흩어져 살았습니다. 흩어
진 이들이 유다에 정착한 이들보다 훨씬 더 많았습니다. 사도행전 2
장의 기록에 의하면 그들이 살던 영역은 광범위했습니다. 그렇게 흩
어진 채로 살아가는 삶에는 포로 생활 이상의 난제들이 있었습니다.
그들은 제국의 어느 땅에서 이방인으로 살아야 했습니다. 로마의 법
이 흩어진 유대인에게 자치권politeuma을 주었다 해도, 그들은 여전히
외국인으로 고단한 삶을 이어가야 했습니다. 그들은 예루살렘의 성
전이 아닌 곳에서 정결법을 지켜야 했습니다. 이방의 나라 사람들에
게 그들이 믿는 구원의 도리를 전하고 나누어야 했습니다. 하나님의
백성들은 성전과 예루살렘을 떠나 흩어져 있는 만큼이나 역시 흩어
진 마음과 정신으로 살 수밖에 없었습니다. 그들은 나름 회당을 세워
조상으로부터 이어온 신앙과 정신과 삶의 방식을 지키려 했습니다.

그 노력은 어느 정도 성공적이기도 했습니다. 그러나 그들은 여전히 갈급했습니다. 그들의 흩어진 채로 정신없이 사는 그들의 마음을 하나로 묶어 온전하게 해줄 영적 가르침에 갈급했습니다.

길리기아의 다소에서 자란 바울은 하나님의 백성의 영적 현실을 잘 알았습니다. 바울은 항상 자신의 일족과 동족이 하나님의 은혜 가운데 굳건하기를 바랐습니다. 그의 이런 마음은 후일 그가 예수님을 알게 된 후에도 더욱 깊어졌습니다. 그는 모든 흩어진 하나님의 백성들이 예수님의 복음 아래 하나 되어 온전하기를 간절히 바랐습니다. 그들이 하나님의 은혜 아래 온전하게 되는 것입니다. 우리 역시 마찬가지 마음을 품어야 합니다. 먼 곳으로 나가 홀로 신앙을 지키며 살아가는 주의 형제와 자매들, 그리고 사역자들이 있습니다. 우리는 그리스도의 사랑으로 그들의 온전한 신앙, 온전한 삶을 위해 기도해야합니다. 무엇보다 흩어진 형제들이 그리스도 안에서 성령으로 하나되어 더욱 안전하게 서 있기를 위해 힘써야 합니다.

디아스포라로서 드리는 기도
우리 가정과 공동체로부터 멀리 떨어져 홀로 선 형제와 자매를 강건하게 하소서.

길리기아

세상 권세와 대면한 자리

로마서 13장 1절

각 사람은 위에 있는 권세들에게 복종하라
권세는 하나님으로부터 나지 않음이 없나니
모든 권세는 다 하나님께서 정하신 바라

    예수님과 바울의 시대 세상은 로마가 제국을 이루던 때입니다. 그때까지 세상은 애굽에서 앗수르, 바벨론에서 페르시아, 그리고 알렉산더와 그의 후계 헬라 제국들로 이어졌습니다. 다니엘은 세상의 권세가 느부갓네살의 나라 바벨론으로부터 페르시아, 헬라와 로마까지 이어지고 그렇게 된 후 세상의 종말이 올 것에 대해 전했습니다(단 2:31~45. 로마는 그 모든 제국들 가운데 가장 강력하고 가장 잔인한 제국이었습니다. 그들은 처음 제국을 세운 이래로 약 500여 년에 걸쳐 이탈리아 반도와 지중해 일대로 제국을 확장하면서 여러 나라와 민족과 전쟁을 벌이며 승승장구했습니다. 그들은 정복한 나라 사람들을 시민이나 식민지 사람, 혹은 노예로 삼았고 강력한 독수리의 발톱으로 그 땅과 사람들을 압제했습니다. 역사 속 모든 제국이나 나라들이 다 그렇듯 로마는 두 얼굴의 나라였습니다. 폭력적인 정복과 압제로 사람들을 고통 가운데 빠뜨렸지만, 그들의 통치는 당대 사람들이 로마라는 이름 아래 평화를 이루도록 이끄는 힘이기도 했습니다. 바울이 태어난 길리기아Cilicia 지방은 소아시아 남동부에 위치했는데, 주

전 103년 이후부터 로마의 지배를 받게 됩니다. 로마는 길리기아가
오랫동안 지중해 해적들의 침략과 강탈로 고통받았다는 것을 잘 알
았습니다. 그래서 강력한 군사력으로 일대의 해적을 소탕하고 길리
기아 사람들을 자유롭게 해 주었습니다. 길리기아 사람들은 그런 로
마를 무서워하기도 하고 환영하기도 했습니다.

길리기아에서 태어나 자란 바울^행 21:39은 제국이 가진 야누스와 같은 모습을 잘 알고 있었습니다. 이 강력한 제국과 그 통치자들이 하나님의 은혜를 전하고 나누는 '도구'일 수도 있다는 것을 알았습니다. 그래서 바울은 로마의 권세를 발판으로 삼고 그들이 세운 체제를 기반으로 제국의 곳곳으로 다니며 전도 활동을 펼쳤습니다. 하나님의 백성들에게 세상 나라 권세는 한편으로 대립해야 할 것이기도 하지만, 다른 한편으로 두려워하며 존중해야 할 대상이기도 합니다. 그리스도인은 하나님 나라의 최종 통치가 성취되는 날까지 하나님께서 도구로 삼으신 세상 권세에 대해 선한 마음으로 복종하고 두려워하며 존경하는 마음도 가져야 합니다.

길리기아에서 드리는 기도

하나님께서 세우신 지도자들을 존경하며 그들의 선하고 지혜로운 통치를 위해 기도합니다.

길리기아의 다소

로마 시민의 자리

사도행전 22장 28~29절
천부장이 대답하되
나는 돈을 많이 들여 이 시민권을 얻었노라
바울이 이르되 나는 나면서부터라 하니
심문하려던 사람들이 곧 그에게서 물러가고
천부장도 그가 로마 시민인 줄 알고
또 그 결박한 것 때문에 두려워하니라

　　로마가 지중해를 정복하면서 해적들에게서 해방된 길리기아의 다소Tarsus는 한동안 황제가 직접 총독prefect을 파견하여 다스렸습니다. 다소는 인근의 시리아와 소아시아 사이를 연결하는 교통 상의 주요한 위치에 있었기 때문에 당연히 경제 활동과 문화가 풍성했습니다. 해적들이 지배하던 시절 살던 자리를 떠났던 사람들이 돌아와 다시 경제 활동을 시작했습니다. 다소의 지배자들은 도시 사람들에게 일정 금액으로 시민권을 얻도록 권장했습니다. 그래서 유력한 유대인들을 비롯한 여러 곳으로부터 유입된 사람들이 돈을 주고 다소의 시민권을 얻었습니다. 다소에는 특히 '길리기움cilicium'이라 불리는 직물이 유명했습니다. 이 직물은 염소털로 만들었는데 추위와 습기에 강한 이유로 장막을 만드는 데 사용되었습니다. 특히 로마군의 야전용 장막을 위해 많이 사용되었다고 합니다. 바울의 집안은 어떤 이유로 이곳 다소에 와 정착한 후 이 천으로 장막을 만드는 일을 했던 것 같

습니다. 바울의 집안은 아마도 대량의 장막을 군납으로 공급하고 많은 돈을 벌었을 것입니다. 돈만 벌었던 것은 아니었습니다. 바울의 집안은 이때 로마군에 대한 공로를 인정받아 로마 시민권도 얻었을 것입니다. 비슷한 시절 헤롯의 인기가 로마제국 곳곳에서 상한가를 이루자 덕분에 유대인들이 제국 내에서 안정적으로 활동할 수 있었습

니다. 이 와중에 바울 집안도 로마 시민권을 획득한 것으로 보입니다.

바울은 날 때부터 주어진 로마 시민권의 특권으로 많은 혜택을 누렸을 것입니다. 그의 이름은 증명서와 함께 로마 곳곳의 공무소 tabularium publicum에 등재되어 있었으며, 그 자신도 증명서 사본을 소지하고 다녔습니다. 바울은 덕분에 위기를 모면하기도 했으며 종국에 로마까지 갈 명분을 얻을 수 있었습니다. 그러나 바울은 이 특권을 자기 편리를 위한 도구로만 사용하지 않았습니다. 그는 자신의 출신 특권을 복음을 위한 도구로 삼았습니다. 우리가 세상에서 누리는 특권은 이기적 욕구 해결을 위한 것이 아닙니다. 우리의 특권은 하나님 나라의 확장 그리고 복음 공동체의 공의를 위한 것이어야 합니다. 우리가 얻은 세상의 특권은 모두 하나님의 선물입니다.

다소에서 드리는 기도1

주께서 우리에게 주신 특권으로 십자가의 공의가 더욱 확장되게 하소서.

소읍이 아닌 다소성

세상을 체험하고 배운 자리

고린도전서 1장 22~24절
유대인은 표적을 구하고 헬라인은 지혜를 찾으나
우리는 십자가에 못 박힌 그리스도를 전하니
유대인에게는 거리끼는 것이요 이방인에게는 미련한 것이로되
오직 부르심을 받은 자들에게는 유대인이나 헬라인이나
그리스도는 하나님의 능력이요 하나님의 지혜니라

수리아-길리기아의 다소는 문화가 발달한 규모 있는 도시였습니다. 당시 스토아 철학자로 이름을 알리고 카이사르의 양자 옥타비아누스의 개인 교사이기도 했던 아테노도루스Athenodorus Cananites는 훗날 아우구스투스가 된 자신의 제자로부터 다소 통치를 위임받았습니다. 이후 아테노도루스와 그의 후임자들은 다소를 로마 문화가 중흥하는 도시가 되도록 힘썼습니다. 그래서 다소는 로마제국에서 손꼽히는 학문의 도시가 되었습니다. 다소의 지도자들은 '거의 모든 종류의 학문들'과 '백과사전적인 지식'을 구축하는 일에 많은 투자를 아끼지 않았습니다. 다소는 덕분에 당대의 많은 지식을 보유한 도시가 되었습니다. 그리고 알렉산드리아와 페르가뭄버가모 및 아테네 등과 아울러 큰 아카데미와 도서관을 보유한 도시로 유명해졌습니다. 그런데 다소의 학문 분위기는 다른 도시들과 사뭇 달랐다고 합니다. 지도자들은 세상 여러 곳에서 지혜로운 사람들을 모으고 교류하기보다 도시와 그 주변 길리기아 사람들끼리만 학문하고 교류하는 방식을 형

성했습니다. 그러다 보니 다소의 문화 분위기는 폐쇄적이었고 자기들만의 지적 교만에 빠져드는 일이 많았습니다. 그들은 자기들만의 리그를 즐기는 사람들이었습니다. 그래서 다소의 학자들은 경솔하거나 무례한 경우가 많았습니다. 결국 깊고 넓은 지혜를 원하는 사람들은 다소를 떠났고 다소는 다시 장사하는 도시가 되었습니다. 다소 사람들은 "지혜에 관하여 아테네보다 못한 열정"을 갖고 있었으며, "도시의 그 유명한 천짜기와 그것으로 돈을 버는 일"에는 더 많은 관심을 쏟았습니다.

바울은 이런 다소에서 성장했습니다. 바울은 그의 편지 곳곳에서 헬라철학에 대한 해박함을 드러냈습니다. 그러나 바울은 다소에서 배운 '그 세상의 지혜'를 자랑하지 않았습니다. 그는 어떤 경우에도 헬라의 지혜가 그리스도 예수의 십자가 능력보다 앞서도록 하지 않았습니다. 그에게 중요한 것은 바로 오직 예수 그리스도였습니다. 그리스도인은 세상의 지식과 지혜를 배웁니다. 그러나 지혜로운 그리스도인은 그것이 십자가의 지혜를 넘어서도록 하지는 않습니다. 그리스도인은 예수님의 십자가 능력과 지혜를 더 사모하는 사람들입니다.

다소에서 드리는 기도2

내가 아는 세상의 지혜가 예수 그리스도의 십자가 지혜 구하는 일을 넘어서지 않게 하소서.

예루살렘

히브리인의 정체성을 배운 자리

고린도후서 11장 22절

그들이 히브리인이냐 나도 그러하며
그들이 이스라엘인이냐 나도 그러하며
그들이 아브라함의 후손이냐 나도 그러하며

　　주전 586년 남 유다의 백성들은 바벨론에 포로로 잡혀갔습니다. 이들은 훗날 예루살렘 귀환 행렬과 예루살렘 재건 그룹에서 주류가 되었습니다. 남 유다의 백성들은 주로 유다 지파와 베냐민 지파 출신이었으며, 베냐민 지파는 유다 지파와 사이에서 경계가 모호한 채로 살았었습니다. 그러다 이스라엘 민족이 두 나라가 분열될 때 베냐민 지파는 유다 지파와 예루살렘에 이끌려 남 왕국의 일부가 되었습니다. 그들은 사실 지파의 정체성을 제대로 유지하지는 못했습니다. 아마도 베냐민 지파 출신이었던 사울 왕의 부정적인 영향인 것 같습니다. 그러나 이 지파의 계보가 완전히 없어진 것은 아니었습니다. 바벨론 포로 귀환자들 가운데 베냐민 지파는 오히려 그들 가계의 정체성을 되살렸습니다. 그들은 포로 귀환 목록에 자기들의 족적을 남겼고 예루살렘 인근에 그들만의 거주지를 형성했습니다느 11:7~9, 31~36. 바울과 그 집안은 바로 그 베냐민 지파 사람들이었습니다롬 11:1. 바울의 집안사람들은 수리아-길리기아의 다소에 살고 있었지만 그들의 민족적 정체성을 분명히 인식했던 사람들이었습니다. 그것은 바울이

다메섹으로 가는 길에 들은 하늘의 음성이 히브리어였다는 것^{행 26:14} 과 예루살렘에서 대중을 향해 연설할 때 히브리어를 사용했다는 것^행 ^{21:40, 22:2}에서도 잘 나타납니다. 그는 정체성 인식이 확고한 집안 어른 들로부터, 그리고 다소와 예루살렘의 회당으로부터 자기 존재의 근 거로서 히브리인이며 베냐민 지파요, 아브라함의 자손임을 분명하게

배웠습니다.

그런데 바울은 아브라함의 자손이며 베냐민 지파 사람, 그렇게 자신이 히브리인이라는 것을 단순히 역사적 민족적 정체성에 두고 머물지 않았습니다. 그는 예수님을 알게 된 후 그 민족적 정체성의 한계를 넘어서는 것이 중요하다는 것, 하나님 안에서 진정한 신앙의 정체성을 확신하는 것이 중요하다는 것을 깨달았습니다. 바울은 그렇게 히브리인이요 아브라함의 자손인 것을 품고 넘어서 그리스도인의 정체성을 품었습니다. 그리스도인은 누구나 구속과 구원의 강을 건넌 히브리인이요, 아브라함의 자손입니다. 그러나 그리스도인은 거기에 머물지 않습니다. 그리스도인은 누구나 바울의 길을 따라 그리스도의 사람으로 온전한 정체성을 품습니다.

예루살렘에서 드리는 기도
하나님의 백성으로서 스스로의 정체성을 명료하게 고백하는 신실한 성도가 되게 하소서.

가말리엘의 회당

모세의 전통을 배운 자리

사도행전 22장 3절
나는 유대인으로 길리기아 다소에서 났고
이 성에서 자라 가말리엘의 문하에서
우리 조상들의 율법의 엄한 교훈을 받았고
오늘 너희 모든 사람처럼 하나님께 대하여 열심이 있는 자라

바리새파는 주전 2세기 중반 유다의 독립을 위해 일어난 마카비 운동 시대에서부터 기원합니다. 그들은 유다 마카비 운동이 한창이던 시절 마카비 집안 사람들의 열정에 감동했습니다. 그들은 마카비 집안이 예루살렘을 통치하게 되자 곧 자신들이 확신하는 바를 체제의 중심 이념으로 세우고자 노력했습니다. 하스모니아 왕국에서 박해를 받기도 하고 다메섹으로 피신하기도 하는 어려움을 겪으면서 바리새인들은 그들의 정치 종교적 열정과 이념을 확고하게 했습니다. 그러나 그들의 시도는 로마가 세상 권세를 쥐고 사두개인들이 예루살렘 정치 활동 중심에 서면서, 그리고 에세네파가 예루살렘을 멀리하는 분파주의적 활동으로 나타나면서 독단으로 예루살렘통치이념의 주체가 될 수 없었습니다. 결국 바리새인들은 예루살렘을 그 활동의 중심지로 포기하지 않으면서 그 권력적 행태와는 거리를 두는 방식으로 자기들만의 열심을 추구하게 되었습니다. 그리고 일반 대중들에게 율법에 관하여 정통한 그들만의 해석을 제공하면서 그것을 예루살렘과 유다, 갈릴리의 유대인들에게 가르쳤습니다. 그들은 여

러 회당을 기반으로 그들의 '구별된' 가르침을 이어갔습니다마 23:2. 힐
렐Hillel과 샴마이Shammai는 가장 대표적인 바리새인들이었습니다. 그
가운데 가말리엘Gamaliel은 힐렐의 사람으로 매우 존경받는 선생이었
습니다행 5:34-39. 예수님께서 과도한 율법주의적 태도 때문에, 그리고
권위에 대한 무의미한 집착 때문에 바리새인들을 비판하신 것은 사

실입니다마 16:12, 막 8:15. 그러나 그들은 하나님의 말씀에 대해 누구보다 열정을 가진 사람들이었음이 분명합니다.

바울은 다소에서 예루살렘으로 와서 가말리엘의 문하에서 모세의 율법 해석과 신앙의 전통을 배웠습니다. 그는 바리새파 안에서 열정을 진지하게 탐구하는 법을 배웠습니다. 그렇게 그의 특심은 예수 그리스도의 십자가를 배우는 일에도 이어졌습니다. 바울에게 하나님을 향한 열정은 그의 평생에 중요한 자원이었습니다. 예루살렘의 바리새인이었을 때 그가 몰랐던 것은 그 열심이 예수 그리스도를 향한 것이어야 했다는 것이었습니다. 우리의 열심에는 올바른 방향과 끝telos이 있어야 합니다. 그것은 바로 예수님의 십자가입니다.

가말리엘의 회당에서 드리는 기도

우리가 예수 그리스도를 통하여 알게 된 하나님의 도리에 대하여 더욱 열심 있게 하소서.

자유민의 회당

열정적인 예수의 사람들과 마주한 자리

갈라디아서 1장 14절
내가 내 동족 중 여러 연갑자보다 유대교를 지나치게 믿어
내 조상의 전통에 대하여 더욱 열심이 있었으나

예수님과 바울의 시대에 예루살렘에는 300여 개가 넘는 회당들이 있었습니다. 예루살렘의 회당들은 바리새파들의 학당이거나 당대 세상 여러 곳에서 온 디아스포라 유대인들의 활동 근거지였습니다. 그 가운데 유명한 곳은 바로 '자유민의 회당the synagogue of freedmen'이었습니다. 이들은 주로 구레네와 알렉산드리아, 길리기아와 아시아에서 온 유대인들이었는데, 주전 64년 폼페이우스가 예루살렘을 점령하고서 노예로 잡아간 사람들 가운데 해방된 사람들의 후예들이었습니다 행 6:7-8. 그들은 유대교 전통과 신앙에 열성적이었습니다. 그들은 오랫동안의 노예 생활과 객지 생활에 대한 보답이라도 바라듯, 호기를 부리곤 했습니다. 특히 누구라도 유대 전통에 어긋난 언사나 태도를 보이기라도 하면 바로 응징하려는 극단적 태도를 보이곤 했습니다. 스데반은 그런 사람들 사이에서 예수 그리스도를 전했습니다. 그는 예수님의 이름으로 놀라운 일들을 많이 행했고, 결국에 이 자유민의 회당에서 논쟁을 벌이기에 이르렀습니다. 극단적이었던 자유민의 회당 사람들은 당장 스데반을 예루살렘 최고 종교 재판부였던 산헤드린에 고소했습니다. 그러나 스데반은 재판정에서도 구약성경과 이스라엘

역사에서 전해주는 메시아가 바로 예수 그리스도라고 고백했습니다
^{행 7:1-56}. 그러자 극단적인 유대인들은 스데반을 예루살렘 성 밖으로 끌
고 나가 돌로 쳐 죽였습니다^{행 7:57-60}. 교회의 첫 순교자가 된 것입니다.

스데반의 순교 현장에는 바울도 있었습니다. 그 역시 자유민이었
던 바울은 유대교에 대한 열정으로 스데반의 죽음을 당연하게 여기

고 있었습니다. 사람들은 '바벨론 탈무드Babylonian Talmud, Shabbat 30b'에 가말리엘의 가르침을 비판하는 열정적인 한 학생이 아마도 바울이었을 것이라고 말합니다. 그런 바울이 이제 자신의 열심과 비견할만한 사람들과 만났습니다. 바울은 처음에는 그들의 열심히 자신의 것과는 상관없는 것이라 생각했습니다. 그러나 이제 이 두 종류 사람들의 열정과 열심은 곧 하나가 될 것입니다. 예수의 영은 우리의 무언가를 향한 열정을 언젠가 당신과 당신의 나라를 위한 것으로 이끌어 하나가 되게 하십니다.

자유민의 회당에서 드리는 기도

우리 신앙의 열정이 그리스도 예수를 향한 간절한 마음으로 이어지도록 인도하소서.

스데반의 순교지

열심 있는 자로서 고민이 커진 자리

갈라디아서 3장 13절

그리스도께서 우리를 위하여 저주를 받은 바 되사
율법의 저주에서 우리를 속량하셨으니
기록된 바 나무에 달린 자마다
저주 아래에 있는 자라 하였음이라

　　예수님이 십자가에 처형되고 며칠 후 제자들은 예수님이 부활했다
고 증언하기 시작했습니다. 베드로는 성전의 솔로몬 행각과 같이 유
대인들이 많이 모이는 공공장소에서 부활하신 예수님을 전하면서 그
분이 메시아라고 선포했습니다행 2:14~36, 행 3:11~26. 제자들의 담대한 사
역은 곧 예루살렘 사람들 사이에 크게 회자하였습니다. 예루살렘의
종교적 지도자들은 곧 그들에 대하여 경각심을 드러냈습니다. 그리
고 제자들을 위협하며 "무슨 권세와 누구의 이름으로" 그렇게 했는
지 물었습니다. 제자들은 담대하게 "십자가에 못 박힌 예수의 이름으
로" 그렇게 했다고 선언했습니다. 예루살렘의 지도자들은 크게 분노
했습니다. 그리고 소위 '예수의 사람들'을 단속하고 위협했습니다. 그
러나 제자들은 굴하지 않고 성령의 충만하심에 힘입어 더욱 담대하
게 복음을 전했습니다행 4:31. 초대교회 제자들과 사도들은 죄를 드러
내기만 하고 은혜로 인도하지 못하는 율법의 한계를 예수 그리스도
의 복음으로 넘어섰습니다. 초대교회 제자들과 사도들은 형식적인
의식儀式만 가득한 채 진리와 구원의 통로가 되지 못하는 성전의 한계

를 예수 그리스도의 십자가 은혜로 넘어섰습니다. 그들은 예수 그리스도의 죽음과 부활을 믿는 것이야말로 새로운 진리요 구원의 길임을 확신하고 그것을 증거 했습니다. 스데반은 그 부흥의 첫 희생자였습니다.

바울이 아는 바로 나무에 달려 죽는 것은 치욕스러운 일이었습니다. 그것은 분명 유대인에게 거리끼는 것이었습니다 고전 1:23, 신 21:23. 그런데 얼마 전 십자가에 달려 저주 가운데 죽은 예수의 제자들은 그들의 스승이 바로 메시아이며 구원자라고 선언하고 있습니다. 스데반이 순교하던 자리에서 집행자들의 옷을 맡아두고 있던 참관인 바울은 일단은 그 처형이 정당하다 여겼습니다. 저주 가운데 죽은 예수가 경멸의 대상이 되는 것과 그 추종자들이 핍박당하고 죽임당하는 것은 당연하다고 여겼습니다. 그러나 그는 곧 스데반이 순교하던 자리에서 하나님을 향한 열심의 실체에 대해 다시 생각하기 시작했습니다. 진리를 다시 볼 기회를 가져야 합니다. 참된 것에 대해 다시 성찰해 보는 기회는 우리를 전혀 새로운 인생길로 인도합니다.

스데반의 순교지에서 드리는 기도
위선으로 열심을 채우지 말게 하시고 순전한 진리 가운데 열심이 있게 하소서.

다메섹으로 떠나는 길

자기 열심의 한계를 향한 자리

빌립보서 3장 6절

열심으로는 교회를 박해하고 율법의 의로는 흠이 없는 자라

교회는 이제 세상 곳곳 디아스포라 유대인들이 사는 곳에 퍼졌습니다행 2:5-11. 제자의 수는 예루살렘을 중심으로 곳곳에서 크게 늘었습니다2:41, 4:4, 5:14, 6:1. 바울은 이제 예수님의 제자들을 모두 없애버리는 일이야 말로 하나님이 자기에게 주신 중요한 사명이라고 여겼습니다. 바리새파의 일원이었던 그는 평소에는 소원한 관계인 사두개파의 대제사장을 찾아갔습니다. 그리고 예루살렘의 종교 지도자들을 대신해 예수 믿는 사람들을 모두 잡아들이겠으니 '공문'을 달라고 요청했습니다행 9:2. 그의 행동은 분명 그의 스승 가말리엘의 뜻에 반하는 것이었습니다행 5:34-39. 그럼에도 바울은 자기 열정을 멈추지 않았습니다. 그리고 추종자들과 함께 '예수당'이 모여 있다고 알려진 다메섹으로 향했습니다. 예루살렘과 유다 지경을 넘어선 곳에서 대제사장의 위임장을 행사하는 일은 오래전 로마가 허락한 일이었습니다. 오래전 로마인들은 알렉산드리아의 프톨레마이오스 8세에게 유다 나라의 반역자들을 그 나라의 대제사장에게 넘겨주도록 요구하는 편지를 써준 적이 있었습니다. 카이사르Julius Caesar, 가이사는 훗날 디아스포라 유대인들에 대한 처결권이 예루살렘의 대제사장에게 있음을 다시

확인했습니다. 바울과 예루살렘의 위정자들은 이 모든 법리적 필요 조건들을 잘 알고 있었을 것입니다. 그들은 이제 로마가 부여한 권한 으로 예수의 사람들을 색출하고 잡아들이는 일에 적극 나서게 되었 습니다.

　바울은 인생 최고의 열정에 휩싸였습니다. 그는 이제껏 그가 배우

고 익힌 모든 것을 제대로 쏟아부을 최적의 자리를 얻었다고 여겼습니다. 그는 자신이야 말로 율법의 대적자들을 무너뜨릴 최고의 적임자라고 여겼습니다. 그렇게 의기양양하게 다메섹으로 출발했습니다. 그러나 그는 그 인생 최고의 순간이 전혀 새로운 변화의 길이 되리라는 것을 몰랐습니다. 그는 아무 것도 모른 채 그 길로 들어섰습니

다. 자기 욕망과 열정으로 맞이하는 인생 최고의 순간 하나님의 인도하심으로 생의 항로를 변침하게 되는 일, 우리가 종종 간증으로 듣는 이야기입니다. 준비된 순간이 아닌 극적인 순간, 하나님은 우리 인생에서 당신의 뜻을 이루십니다.

다메섹으로 떠나는 길의 기도

의심과 불신앙의 끝자락에서라도 은혜를 거두지 마시고 신앙의 신실한 길을 열어주소서.

Forty day Meditations for Spiritual Pilgrims

부름 받은 길

다메섹으로 가는 길 1

예수님을 만난 자리

로마서 7장 22~24절

내 속사람으로는 하나님의 법을 즐거워하되
내 지체 속에서 한 다른 법이 내 마음의 법과 싸워
내 지체 속에 있는 죄의 법으로 나를 사로잡는 것을 보는도다
오호라 나는 곤고한 사람이로다 이 사망의 몸에서 누가 나를 건져내랴

바울은 말 그대로 "주의 제자들에 대하여 위협과 살기가 등등"했
습니다행 9:1. 바울은 예루살렘과 유다 지역에 이어 주변 디아스포라
지역들에서도 예수의 사람들을 단속해야겠다고 생각했습니다. 바울
과 그 일행은 예루살렘에서 점점 더 광포하게 되어갔습니다. 예루살
렘의 권력자들은 이들의 위험한 열정이 거시적으로는 자신들에게 이
득이 되리라 생각했습니다. 바울의 일행이 디아스포라 일대를 다니
며 예수의 잔당들을 잡아들이게 되고, 그렇게 다메섹이나 안디옥 혹
은 알렉산드리아의 유대인 공동체들에까지 예루살렘의 영향력이 미
치게 된다면, 그것은 누구보다 자신들에게 괜찮은 일이 될 것이었습
니다. 대제사장은 흔쾌히 바울에게 위임장을 써주었습니다. 그런데
바울의 살기등등한 다메섹 원정길에 예상치 못한 일이 일어났습니
다. 하늘에서 갑자기 강한 빛이 바울과 무리 모두를 비춘 것입니다.
바울은 그 빛에 놀라, 말에서 떨어졌습니다. 그리고 앞을 보지 못하게
되었습니다. 그때 그에게 음성이 들렸습니다. 그 음성은 "사울아 사
울아 네가 어찌하여 나를 박해하느냐"고 바울을 질책했습니다. 바울

"나는 네가 박해하는 예수라"

사도행전 9장 5절

이 누구인지 묻자 그 음성은 "네가 박해하는 예수라"고 자신을 밝혔습니다.행 9:3-5.

예수님의 질문은 지금 바울이 부리는 광포한 열정의 이유를 따지는 것이었습니다. 바울은 그 질문에 할 말을 잃었습니다. 그는 누구보다 모세의 율법에 정통했고 충실했으며 율법과 예언이 지시하는 메시아의 도래에 강력한 희망을 품었던 사람이었습니다. 그런데 그런 그가 누구보다 앞장서 메시아이신 예수 그리스도와 그 복음을 전하는 제자들의 길을 막아서고 그들을 핍박하고 있는 것입니다. 그것은 분명 모순이었습니다. 그는 자신이 진정 원하던 것을 행하지 않고 오히려 자신이 미워하던 것을 행하고 있었음을 깨달았습니다롬 7:15. 그리고 예수님의 진리가 그의 인생 모든 것을 압도하는 순간 눈을 감았습니다행 9:8. 다메섹에서 예수를 만난 바울은 누군가를 이끌고 다스리려 하던 자기 자신이야말로 누구보다 곤고한 사람임을 깨닫게 되었습니다롬 7:24. 바울의 길은 예수님을 대면하는 자리입니다. 그렇게 자신이 낮고 천한 존재임을 깨닫는 것입니다.

다메섹으로 가는 길의 기도 1
마음으로는 하나님을 구하면서도 교만한 삶을 살아가는 우리의 곤고함을 살피소서.

다메섹으로 가는 길 2

사도로 부름 받은 자리

갈라디아서 1장 12~13절
이는 내가 사람에게서 받은 것도 아니요 배운 것도 아니요
오직 예수 그리스도의 계시로 말미암은 것이라
내가 이전에 유대교에 있을 때에 행한 일을 너희가 들었거니와
하나님의 교회를 심히 박해하여 멸하고

예수 그리스도의 복음을 전하는 일은 그분의 부활을 목격한 이들에게 주어진 특별한 사명이었습니다. 예수님은 부활하신 후 무덤을 찾아온 여인들에게 먼저, 그리고 제자들에게 나타나셨습니다. 부활하신 예수님께서는 이어서 동생 야고보와 그리고 다른 예수님의 제자들과 예수님을 따르던 사람들에게도 모습을 보이셨습니다. 바울은 예수님의 부활을 목격한 사람이 오백 명에 이른다고 말했습니다고전 15:6. 이렇게 부활을 목격한 이들은 모두 한결같이 예수 그리스도의 복음을 세상에 전하고 교회를 든든하게 세우는 사도의 직분에 헌신했습니다. 부활하신 예수님은 다메섹으로 가는 길에서 바울에게 나타나셨습니다. 그렇게 바울을 변화시키신 후 그에게 전혀 새로운 종류의 사도의 직을 주셨습니다. 바로 이방인을 위해 복음을 전하는 증인이 되게 하신 것입니다. 실제로 예수님께서는 다메섹의 아나니아에게 바울을 만나라고 하시면서 "이 사람은 내 이름을 이방인과 임금들과 이스라엘 자손들에게 전하기 위하여 택한 나의 그릇"이라고 말씀하셨습니다행 9:15. 예수님께서는 오래전 이미 바울을 당신의 복된

소식을 세상에 전할 사도로 정하신 것입니다. 그래서 바울 스스로도 "내 어머니의 태로부터 나를 택정하시고 그의 은혜로 나를 부르신 이가 그의 아들을 이방에 전하기 위하여 그를 내 속에 나타내시기를 기뻐하셨다"고 증거했습니다갈 1:15-16.

바울은 자신이 사도가 된 것이 사람에게서 받거나 배운 것이 아니라 예수 그리스도의 계시에 의한 것이라고 말합니다. 그는 어떤 선발 과정이나 고등한 교육 혹은 훈련을 통해 사도가 된 것이 아니었습니다. 그는 오직 하나의 사건, 다메섹으로 가는 길, 거기 빛 가운데 임하시고 그리고 음성으로 계시하신 예수 그리스도를 경험하는 가운데 사도가 되었습니다. 바울은 이 신비한 사건만을 통해 율법의 사도가 아니라 예수 그리스도의 사도가 되었습니다. 우리가 복음의 증인으로 서게 되는 일은 부활하신 예수 그리스도를 만나는 체험과 그 분의 부르심으로 시작됩니다. 부활의 주님, 예수 그리스도를 만나 그 분의 음성을 듣는 일은 저항이 불가능한, 우리를 도약하게 하는 신비로운 체험입니다.

다메섹으로 가는 길의 기도 2
우리에게 세상 어떤 영향으로도 꺾을 수 없는 강력한 복음의 체험이 있게 하소서.

다메섹의 직가直街

새 사람으로 눈을 뜬 자리

사도행전 9장 17~18절
아나니아가 떠나 그 집에 들어가서 그에게 안수하여 이르되
형제 사울아 주 곧 네가 오는 길에서 나타나셨던 예수께서
나를 보내어 너로 다시 보게 하시고 성령으로 충만하게 하신다 하니
즉시 사울의 눈에서 비늘 같은 것이 벗어져 다시 보게 된지라 일어나 세례를 받고

다메섹에는 많은 유대인이 살고 있었습니다. 그들 가운데에는 하스모니아 왕조가 벌인 박해를 피해 온 바리새인들도 있었습니다. 그때 그들은 알렉산더 얀네우스Alexander Janneus, 주전 재위 103~76년가 바리새인 동료들을 학살하는 것을 보고 도망쳐왔습니다. 그들은 이후 다메섹에서 살며 하나님의 진리와 공의가 실현되기를 기다렸습니다. 또, 다메섹에는 '다메섹 언약서the Book of the Covenant of Damascus'라는 문서를 만들어 구원자를 기다리던 쿰란 계열의 사람들도 있었습니다. 이 문서를 만든 사람들은 다윗 왕가에서 나온 메시아와 협력하여 자기들을 깨우칠 어떤 '율법 해석자'에 관한 소문을 믿었습니다. 이 시기 다메섹은 확실히 어두운 시대를 살아가는 유대인들이 진리를 가늠하여 알려줄 한 사람을 대망하는 곳이었습니다. 사도행전 9장의 언급에서 볼 수 있듯 이 도시에는 이미 예수 그리스도의 도를 따르는 이들도 있었습니다. 다메섹의 '율법의 해석자'를 기다렸던 이들은 그들 사이로 유입된 예수의 사람들이 말하는 복음이 바로 그들이 기다리던 것이 아닌가를 생각하기도 했습니다. 그리고 몇몇은 예수의 사람들과 관계

하며 그들이 전하는 복음과 이야기에 관심을 기울이기도 했습니다.

한편, 바울은 예수님을 만나고 체험한 후 앞을 볼 수 없게 되었습니다. 그는 이제 율법이 아닌 새로운 안목으로 눈을 떠야 했습니다. 그래서인지 바울은 이때 자기에게 나타난 일을 그의 "혈육"과 상의하지 않았습니다갈 1:16. 그에게는 고향 다소와 예루살렘이 제안하는 것이 아닌 새로운 해법이 필요했습니다. 그는 예수님께서 이르신 대로 조용히 다메섹으로 갔습니다. 그리고 거기 직가直街, 즉 로마식으로 곧게 뻗은 중심 도로에 있는 유다라는 사람의 집으로 갔습니다. 그는 거기서 아나니아를 만나 기도를 받았습니다. 그때 기도를 받은 바울의 눈에서는 비늘 같은 것이 흘러내렸습니다. 그리고 바울은 다시 세상을 보게 되었습니다. 그는 그렇게 새 사람으로 새로운 안목으로 새 삶을 시작했습니다. 바울은 이제 죄와 사망의 율법에 사로잡힌 사람이 아니라 예수 그리스도에게 사로잡힌 사람이 되었습니다빌 3:12. 바울의 길에서 우리는 안목의 변화로 시작되는 새로운 삶의 길을 보게 됩니다.

다메섹 길가에서 드리는 기도

세상과 이전의 육적인 것에 대하여 눈감고 오직 그리스도로 새 눈을 뜨게 하소서.

아라비아 광야
새로운 신념을 세운 자리

갈라디아서 1장 17절
또 나보다 먼저 사도 된 자들을 만나려고 예루살렘으로 가지 아니하고
아라비아로 갔다가 다시 다메섹으로 돌아갔노라

구약성경은 하나님의 사람들이 부르심을 받을 때마다 거룩한 산 혹은 광야로 나갔다는 사실을 말합니다. 모세가 그랬고 엘리야가 그랬습니다. 그들은 한결같이 하나님의 뜻과 자신들의 사명을 분명하게 알기 위해 하나님의 거룩한 산 호렙으로 갔습니다. 모세는 하나님께서 계신 그 산에서 소명을 얻었습니다출 3장. 그는 출애굽 후에도 그 거룩한 산에서 하나님의 말씀과 계명을 받아 이스라엘 백성들에게 전했습니다출 19-23장. 엘리야의 경우에는 훨씬 각별했습니다. 그는 하나님의 말씀을 전하는 사명을 감당하던 중 지쳐 힘들어했습니다. 하나님께서는 40여 일을 돌보시는 가운데 엘리야를 하나님의 거룩한 산으로 이끄셨습니다왕상 19:8. 그리고 그곳에서 당대의 이스라엘을 넘어서 더 넓은 미래와 세상을 향한 하나님의 뜻을 알게 하시고 그에게 그것을 세상에 전하는 사명을 주셨습니다왕상 19:15-18. 이런 일은 바울에게도 있었습니다. 바울은 다메섹에서 새로운 안목을 얻은 후 사해 남동쪽의 아라비아Arabia로 갔습니다. 그 땅은 로마의 꼭두각시 나바테아의 아레타스 4세Aretas IV, 고후 11:32, "아레다 왕"가 다스리던 곳이었습니다. 바울은 그곳 광야에서 얼마간의 시간을 보냈습니다.

그의 광야 생활은 모세의 시내산_{호렙산} 정상에서 보낸 40일을 연상하게 합니다. 그의 광야 경험은 엘리야의 40일 주야 광야길 그리고 호렙산에서 하나님을 만나고 계시를 받던 때도 생각나게 합니다. 무엇보다 그의 광야 생활은 예수님께서 보내신 40일의 광야 기도를 떠오르게 합니다. 그는 아라비아 광야에서 앞으로 자신이 살아가야 할

사명의 길을 정리한 것으로 보입니다. 그는 이 광야 생활을 통해 율법이 지배하던 자신의 과거와 예수 그리스도의 사람이 된 현재, 그리고 부활의 증인된 사도로 살아가야 할 미래에 관하여 예리해졌습니다. 이제 바울은 예수 그리스도를 향해 더 가까이 더 분명하게 나아갔습니다. 하나님의 부름받은 사람들에게는 스스로를 명료하게 하는 시간이 필요합니다. 세상의 소리가 들리지 않고 하나님의 말씀만이 들려오는 광야는 사명으로 나서는 준비를 위해 적합한 곳입니다. 우리는 우리의 시내산, 우리의 호렙산, 우리의 아라비아 광야로 들어가는 일을 주저하지 말아야 합니다.

아라비아 광야에서 드리는 기도

광야로 물러서는 용기와 시간을 통해 참으로 영적인 진보를 이루게 하소서.

다메섹의 회당

첫 시련의 자리

고린도후서 11장 32~33절

다메섹에서 아레다 왕의 고관이 나를 잡으려고 다메섹 성을 지켰으나
나는 광주리를 타고 들창문으로 성벽을 내려가 그 손에서 벗어났노라

바울이 다메섹에서 새로운 삶을 모색하고 있을 무렵, 갈릴리 분봉
왕 헤롯 안티파스Herod Antipas, 재위 주전 4년~주후 39년는 아라비아 일대 나바테
아인들의 영토를 침략했습니다. 그리고 그 땅에 대규모 유대인의 정
착지를 형성했습니다. 주후 34년의 일입니다. 나바테아의 아레타스
4세는 곧 용병들을 동원해 유대인들의 정착지를 파괴했습니다. 그리
고 그의 군사작전은 헤롯 안티파스의 부당한 침략 때문이라고 로마
에 항변했습니다. 로마는 아레타스의 편을 들어주었습니다. 로마는
이 일을 명분으로 헤롯 안티파스를 폐위시킨 뒤 지금의 프랑스, 갈리
아의 리용으로 보냈습니다. 아레타스는 이 일로 아라비아 광야 지대
를 넘어 요단강 동쪽 전반 데가볼리Decapolis로 알려진 열 개 그리스인
들의 도시들 특히 최북단에 있던 다메섹에서도 영향력을 떨치게 됩
니다. 결국 나바테아와 데가볼리 일대에 들어와 살던 유대인들은 한
편으로 아레타스에게 협력하거나 다른 한편으로 그의 영향에서 벗어
나려 했습니다.

바울은 아라비아 광야에서 자기 사명을 정립하는 한편으로 거기
유대인들과 '하나님을 경외하던 사람들the God-fearer'에게 복음을 전하

기도 한 것 같습니다. 그는 어쩔 수 없는 열정의 사람이었습니다. 바울은 아마도 거기서 아레타스를 비롯한 나바테아인들의 심기를 거스른 모양입니다. 십중팔구 복음 전파와 관련된 문제였을 것입니다. 결국 바울은 아레타스의 유대인에 대한 대대적인 축출 작전이 시작되자 그곳을 나와 다시 다메섹으로 다시 돌아갔습니다. 그는 다메섹에

서도 회당으로 가서 거기서 열정적으로 복음을 전했습니다. 그리고 다메섹에서 빠른 속도로 그의 혈육들 곧 유대인들에게 미움의 대상이 되었습니다행 9:21-22. 이때 유대인들은 나바테아인 통치자들과 함께 바울을 사로잡을 궁리를 했던 모양입니다행 9:23, 고후 11:32. 결국 바울은 신실한 제자들의 도움을 받아 도시를 빠져나올 수밖에 없었습니다행 9:24. 예수에게 사로잡힌 사람으로 겪은 첫 번째 시련이었습니다. 바울은 이제 평생에 걸친 시련 여행에 익숙해지려 하고 있습니다. 시련은 그리스도인의 사명 여행의 동반자입니다. 신앙 여행길의 동반자인 시련에 익숙해지는 일, 그리스도인의 삶에서 마주하는 현실입니다.

다메섹 회당에서 드리는 기도

어떤 시련 가운데라도 복음을 증거하는 일이 삶의 중심이 되게 하소서.

예루살렘

제자들에게서 배운 자리

갈라디아서 1장 18~19절
그 후 삼 년 만에 내가 게바를 방문하려고 예루살렘에 올라가서
그와 함께 십오 일을 머무는 동안
주의 형제 야고보 외에 다른 사도들을 보지 못하였노라

바울이 박해를 위해 다메섹으로 출발하던 시점에 예루살렘 교회는
혼란을 겪고 있었습니다. 스데반이 순교하고 난 후 예루살렘의 광신
도들은 보이게 혹은 보이지 않게 교회를 위협하고 협박했습니다. 결
국 교회의 형제들 가운데 헬라파를 위시한 많은 사람은 유다와 사마
리아 일대로 그리고 더 멀리로 흩어졌습니다행 8:1~4. 흩어진 상황에서
그들은 박해자 바울이 더욱 극악해져 간다는 소식으로 들었습니다.
흩어진 성도들은 바울을 두려워할 수밖에 없었습니다. 그러던 어느
날 바울이 변했다는 이야기가 들리기 시작했습니다. 바울이 심지어
예수 그리스도를 전하는 사람이 되었다는 이야기도 들렸습니다. 무
엇보다 그 바울이 이제 예루살렘으로 오고 있다는 이야기가 전해졌
습니다. 사도들과 형제들은 고민에 빠졌습니다. 바울을 만나야 할지
말아야 할지 판단이 서지 않았습니다. 결국 바나바가 나섰습니다. 그
는 바울이 예수의 사람임을 확인하고서 제자들 가운데 몇몇과 만나
도록 했습니다. 바울은 바나바와 제자들을 통해 예수님에 관한 생생
한 이야기를 들을 수 있었습니다행 9:26~27.

바울은 이때의 경험을 기록으로 남겼습니다. 갈라디아서에 따르면, 회심한 후 처음 예루살렘을 방문했을 때 바울은 겨우 베드로와 예수님의 동생 야고보를 만났습니다. 그리고 그들에게서 예수님의 삶과 사역 그리고 체포와 십자가 죽음과 무엇보다 부활에 대해 구체적인 이야기를 들을 수 있었습니다. 물론 베드로와 야고보 그리고 바

나바 외에도 예루살렘 교회의 사도들과 지도자들 그리고 형제들은 다소 꺼렸을지라도 그들이 보고 들은 바의 예수 이야기를 바울에게 전해주었습니다. 바울은 그들의 증언과 이야기를 충실하게 듣고 다른 사도들과 형제들의 예수 그리스도에 대한 믿음과 동일한 맥락에 섰습니다고전 15:3-8. 바울은 자신이 사도 가운데 막내라고 말했습니다고전 15:9. 바울은 예수님에 대한 믿음과 그 도리를 전하는 사역에 관하여 주 안에서 형제된 이들과 한 마음, 한 뜻이기를 바랐습니다. 바울이 걸었던 새로운 길에서 우리는 그의 동행의 의지를 보아야 합니다. 그는 항상 그의 동역자들과 동행자들을 존중했고 함께 했으며 한마음 한뜻으로 예수님을 향한 신앙을 고백했습니다.

예루살렘에서 드리는 기도

형제들과 함께하는 신앙의 길을 걷게 하시고 그들의 증언과 고백 앞에 겸손하게 하소서.

다소

낮아지고 낮아진 자리

고린도후서 11장 24절
유대인들에게 사십에서 하나 감한 매를
다섯 번 맞았으며

　예루살렘의 유대인들은 바울이 돌아왔다는 이야기를 듣게 되었습니다. 처음 그들은 하나님과 유대 율법에 대한 신념이 두터웠던 그가 변하여 돌아왔다는 것을 받아들이지 않으려 했을 것입니다. 그러나 얼마 지나지 않아 바울은 자신이 이전과 다르다는 것을 드러냈습니다. 바울이 돌아올 수 없는 강을 건넜다는 것은 확실해졌습니다. 예루살렘의 유대교 지도자들은 경악하며 당장 그를 체포하고 죽이려 했습니다. 헬라파 유대인들이 적극적으로 나섰습니다. 이제 예수님 안에서 형제된 바울을 방치할 수 없었습니다. 예루살렘 교회 형제들은 위험에 빠진 바울을 가이사랴로 빼내어 그의 고향 다소로 보냈습니다. 바울은 그렇게 신앙과 학문을 배우고 열정으로 신념을 익힌 두 번째 고향 예루살렘을 떠났습니다.

　예루살렘을 떠나 다소로 간 그 시절, 바울에 대해서 알려진 바는 없습니다. 바울은 다소에서의 시간 동안 교회의 누구와도 접촉하지 않은 채 힘들게 혼자만의 시간을 보낸 것 같습니다. 그는 사도로 부름을 받았음에도 꽤 오랫동안 교회 공동체와 함께하는 일 없이 홀로 있어야 했습니다. 그렇다고 해서 낙담한 채 주저앉아 있을 바울이 아

니었습니다. 바울은 이 시간에도 부지런히 자기가 확신하는 예수 그리스도의 복음을 전했습니다. 그러나 다소의 유대인들과 그들의 회당은 바울이 전하는 예수 그리스도의 복음을 받아들이지 않았습니다. 오히려 그런 바울을 핍박했습니다. 바울은 훗날 그가 동료 유대인들에게 고초를 겪었다고 고백했습니다 고후 11:24. 고린도전서의 이 고백

은 아마도 다소와 길리기아 등에서 겪은 일에 관한 것으로 보입니다. 바울은 회심한 후로 곧 교회의 높은 자리, 수장의 자리에 오르지 않았습니다. 그는 오히려 변방으로 밀려나 앉았습니다. 바울은 다소에서 누구도 도와주지 않는 가운데 혼자서 분투해야 했습니다. 그는 홀로 있는 가운데 더 낮아졌습니다. 다소는 낮아지고 낮아지는 자리였습니다. 드높이 솟은 타우르스 산맥의 봉우리들은 바울을 한없이 작은 미물처럼 보이게 만들었습니다. 그러나 그 낮은 자리에서 우리가 아는 바울이 일어났습니다. 이것이야 말로 바울의 길에서 하나님께서 이루신 놀라운 일 가운데 하나입니다.

다소에서 드리는 기도

홀로 있을 때도 낙담하지 않고 주의 나라를 위한 수고에 게으르지 않게 하소서.

수리아 안디옥 1

교회의 사람으로 새롭게 시작하는 자리

빌립보서 3장 14절

푯대를 향하여 그리스도 예수 안에서 하나님이
위에서 부르신 부름의 상을 위하여 달려가노라

안디옥은 알렉산더에게서 제국의 일부를 넘겨받은 셀류코스 1세
Seleucus I Nicator에 의해 건설된 도시였습니다. 지금 시리아와 레바논 그
리고 터키의 국경이 교차하는 곳, 오론테스 강의 하류에 있었습니다.
이 도시는 주전 300년경에 건설된 이래 셀류코스 왕국의 서쪽 중심
지 역할을 해왔습니다. 그리고 주전 64년 로마의 속주가 되었을 때
도시는 동방의 으뜸가는 거대 도시가 되었습니다. 도시의 도로는 격
자 형태로 잘 정비되었고 대리석으로 바닥을 장식한 것으로 유명했
으며 북쪽 다프네의 수원지에서 끌어온 수도교는 도시 북쪽 입구에
멋진 분수를 만들어 도시를 윤택하게 했습니다. 로마의 황제들은 특
히 이 도시를 사랑했습니다. 그래서 도시에 멋진 건축물들을 희사하
기도 했습니다. 유다의 헤롯대왕도 한몫했습니다. 그는 도시의 주요
간선도로에 열주를 세우고 도로 자체를 광택이 좋은 돌로 깔았습니
다. 유대인들은 이 도시에서 특권을 가지고 살았으며 도시 남쪽에 자
기들만의 주거 구역을 갖기도 했습니다.

초대교회가 흩어졌을 때 구브로 섬과 구레네 출신 형제들이 이곳
으로 와 복음을 전했습니다 행 11:20-21. 그렇게 안디옥에도 드디어 교회

가 세워졌습니다. 예루살렘 교회는 이방인을 중심의 안디옥 교회 부흥 소식을 듣고 바나바를 파견해 상황을 보도록 했습니다. 안디옥에 온 바나바는 그 부흥하는 모습을 보고 교회에 더욱 활력을 넣을 필요가 있겠다 싶었습니다. 그때 떠오른 사람이 오래전 예루살렘에서 만난 바울이었습니다. 바울이 드디어 바나바의 부름을 받았습니다. 그

는 곧 안디옥 교회로 갔습니다. 그리고 그동안 그가 예수님에게 계시 받고, 제자와 다른 사도들에게 전해 들은 이야기들, 기나긴 시간 동안 낮은 자리에서 깊이 있게 소화해 낸 복음의 모든 것을 쏟아냈습니다. 바울의 사역으로 안디옥 교회는 세간에 "그리스도인"이라는 호칭을 얻게 되었습니다^{행 11:25-26}. 바울은 회심한 지 16년이 지나서야 안디옥 공동체에서 제대로 된 사역을 시작할 수 있었습니다. 바울의 여정에서 교회 공동체의 부름과 세움은 귀한 시간입니다. 바울은 공동체 형제들에게 부름받아 세움받는 일을 귀하게 여기고 아꼈습니다. 바울은 이후 평생에 예수님의 몸 된 공동체의 사람, 그 소명 공동체의 지체였습니다.

수리아 안디옥에서 드리는 기도 1
우리 부르심의 소명이 믿음으로 함께하는 공동체 가운데 서게 하소서.

예루살렘

주님의 뜻을 위해 신중했던 자리

갈라디아서 2장 1~2절

십사 년 후에 내가 바나바와 함께 디도를 데리고 다시 예루살렘에 올라갔나니
계시를 따라 올라가 내가 이방 가운데서 전파하는 복음을 그들에게 제시하되
유력한 자들에게 사사로이 한 것은 내가 달음질하는 것이나
달음질한 것이 헛되지 않게 하려 함이라

    안디옥의 교회 공동체는 이방인을 향한 선교에 열심을 부렸습니다, 안디옥 교회는 명실상부 이방인들이 중심이 되는 교회였으며 이방인을 위한 복음의 전초기지였습니다. 그러나 안디옥 교회의 이방인을 향한 헌신은 유대인들과 곳곳에서 부딪쳤습니다. 특히 예루살렘에 있는 형제들은 이 문제 때문에 골치가 아팠습니다. 그들은 이미 베드로가 가이사랴의 고넬료에게 복음을 전했고 그 집안과 주변 이방인들이 모두 교회의 일원이 되었음을 잘 알고 있었습니다행 11:17-18. 그러나 예루살렘 교회 안팎에서는 여전히 예수의 제자들이 이방인과 교류한다는 것에 대해 비판하는 소리가 있었습니다. 게다가 예루살렘의 극렬한 유대교도들은 이방인과 동석하기를 주저하지 않는 제자들과 사도들을 공격하려 들었습니다. 예루살렘 교회 공동체 안에서도 몇몇 사람들은 이 문제를 공공연히 문제 삼곤 했습니다. 예루살렘 교회는 안디옥 교회와 더불어 이방인 선교 사안의 앞뒤를 정리해야 했습니다.

    바울은 안디옥에 와 있던 예루살렘 교회의 지도자들이 안디옥교회

의 이방인 사역에 대해 이러쿵저러쿵 말하는 것을 들었습니다갈 2:4, 행
11:27. 그는 예루살렘이라는 특수한 상황에서 온 그들이 무엇을 염려하
는지 잘 알았습니다. 그러나 바울은 그런 문제들 때문에 자신과 안디
옥 교회의 이방인을 향한 사역이 중단될 수는 없다고 생각했습니다갈
2:5. 바울은 예루살렘에 갈 길을 기회로 당대 교회의 기둥들과 만나기

로 했습니다^{행 11:27-30, 갈 2:9}. 바울은 이 길에 할례받지 않은 동역자 디도를 동행하게 했습니다. 그리고 예루살렘에서 사도들을 만난 자리에서 이방인에게도 차별 없이 복음을 전하는 일이 예수님의 귀한 뜻임을 진지하게 변호했습니다. 그는 예수님께서 자신을 이방인을 위한 사도로 부르셨다는 사실 앞에서 그것이 헛된 것이 되지 않기를 간절히 바랐습니다. 바울은 그가 사명으로 받은 이방인 선교, 그 귀한 하나님의 일이 무너지거나 무의미한 것이 되지 않도록 조심스럽게 그러나 최선을 다해 노력했습니다. 우리의 일은 주님의 일입니다. 우리는 각자에게 주어진 사명이 성령의 능력 가운데 있는 교회를 통해 신중하게 허락되어야 한다는 것을 바울의 길에서 배웁니다.

예루살렘에서 드리는 기도

형제들 가운데 진중함과 성실함으로 서게 하셔서 주의 도리가 헛되지 않도록 이끄소서.

수리아 안디옥 2

이방인의 사도로 파송 받은 자리

사도행전 13장 2-3절

주를 섬겨 금식할 때에 성령이 이르시되
내가 불러 시키는 일을 위하여 바나바와 사울을 따로 세우라 하시니
이에 금식하며 기도하고 두 사람에게 안수하여 보내니라

안디옥 교회를 세운 사람들은 원래 뵈니게Phoenicia와 구브로Cyprus 일
대를 선교하던 사람들이었습니다행 11:19. 그들은 수로보니게Syro-Phoenicia
라고 불리던 갈릴리 호수 북부의 지중해 변으로부터 가이사랴 빌립
보 및 다메섹에 이르는 광대한 땅들을 복음 전파를 위해 다녔습니다.
그들의 선교적 행보는 결국 구브로 섬에까지 이르렀습니다. 그런데
이때까지 이 선교사들은 이방인을 위해 사역하지 않았습니다행 11:19.
그들은 유대인에게만 예수님의 복음을 전했습니다. 이 전도자들이
이방인에게 복음을 전한 것은 안디옥이 처음이었습니다행 11:20. 그들
은 안디옥에서 헬라 사람들을 만나 복음을 전했습니다. 그때 그 헬라
사람들은 예수 그리스도의 복음을 받아들이고 교회의 일원이 되었습
니다. 교회의 지경은 이렇게 해서 지리적으로 수로보니게를 넘어 안
디옥 일대에까지 크게 확장되었습니다. 이후 안디옥 교회의 지경이
더욱 넓어진 것은 바울이 교회에 합류하고 난 이후입니다. 바울이 안
디옥 교회에 합류하면서 교회의 지경은 바울의 초기 사역지 길리기
아Cilicia까지 확장할 수 있었습니다. 그러나 하나님께서는 안디옥 교회

가 그 정도 규모와 영역에 머물지 않도록 하셨습니다. 하나님께서는 안디옥 교회 사역의 지경을 보다 넓은 지중해의 세계, 로마의 세계로 확장하셨습니다.

이때 바울은 안디옥 교회에서 바나바 및 "니게르라 하는 시므온과 구레네 사람 루기오와 분봉 왕 헤롯의 젖동생 마나엔" 등 선지자요

교사로 불리는 이들과 함께 안디옥 교회 사역을 이어가고 있었습니다 행 13:1. 이때 바울은 이방인 선교를 향한 간절한 마음을 품고 있었던 듯합니다. 바울은 자신의 동료 '예언자 및 교사들' 그리고 공동체와 더불어 금식하며 기도했습니다. 그들의 기도가 하나님의 영과 온전히 하나 되자 하나님께서는 문을 여셨습니다. 드디어 안디옥 교회는 바울과 바나바를 선교사로 세워 안수한 뒤 전혀 낯선 이방의 땅으로 파송했습니다. 구성원들의 간절한 열망과 성령의 인도하심으로 교회와 복음의 지경이 크게 넓어지는 순간이었습니다. 하나님은 당신의 뜻이 펼쳐지는 지경을 풍성하게 하시고 넓히시는 분이십니다. 하나님의 부르심에는 지경과 기업의 확장이라는 중대 과제가 포함되어 있습니다.

수리아 안디옥에서 드리는 기도 2
하나님의 영과 동일한 마음을 갖게 하시고 기쁨과 감사로 그 뜻에 순종하게 하소서.

Forty day Meditations for Spiritual Pilgrims

복음의 길

Forty day Meditations for Spiritual Pilgrims

복음의 길

구브로

이방인을 위한 사역의 첫 자리

사도행전 13장 4~5절
두 사람이 성령의 보내심을 받아 실루기아에 내려가
거기서 배 타고 구브로에 가서 살라미에 이르러
하나님의 말씀을 유대인의 여러 회당에서 전할새
요한을 수행원으로 두었더라

바울과 바나바는 바나바의 조카 마가와 동행하여 첫 선교지 구브로Cyprus에 이르렀습니다. 구브로는 바나바의 출신지이기도 했는데행 4:36, 바나바를 비롯한 유대인들은 옛날부터 이 섬을 알고 있었고 깃딤Kittim, Kittion으로 불렀습니다창 10:4, 민 24:24, 대상 1:7. 사실 섬에는 주로 뵈니게 사람들과 헬라 사람들이 살아왔습니다. 그들은 오래전부터 아프로디테Aphrodite 여신을 주로 숭배하며 퇴폐적이고 향락적인 산업으로 번성했고, 마술로 점을 치는 사람들도 많았습니다. 구브로는 주전 333년 알렉산더와 헬라제국이 들어온 뒤 한동안 이집트의 프톨레미 왕국이 지배했습니다. 로마는 주전 58년에 섬에 들어와 이곳을 길리기아의 속주로 편입시켰다가, 주전 27년경 독립된 원로원 속주로 바꾸었습니다. 신약성경 사도행전에 등장하는 총독 서기오 바울Lucius Sergius Paulus은 비시디아 안디옥Antioch of Pisidia에 기반을 둔 유력한 사람으로 로마 본토에도 나름 영향력을 행사하는 사람이었습니다.

주후 45년경 바울과 바나바는 구브로의 동쪽 살라미Salami에 도착했습니다. 그들은 이곳에서 유대인 회당을 중심으로 사역했습니다.

"이에 총독이 그렇게 된 것을 보고 믿으며
주의 가르치심을 놀랍게 여기니라"

사도행전 13장 12절

이어서 바울과 바나바는 섬의 서쪽으로 갔는데 거기 로마가 새로 지은 도시 '신 바보New-Paphos'에서 복음을 전했습니다. 바울 일행은 바보에서 사람들에게 복음을 전하기 전에 로마 총독 서기오 바울에게 먼저 주목을 받았습니다행 13:7. 총독은 바울과 하나님을 향한 신앙에 관한 새로운 이야기를 전하는 바울에게 관심을 가졌습니다. 그러는 사이 박수이자 마술사인 엘루마는 바울 일행이 총독에게 가까이 다가가지 못하도록 소동을 피웠고 바울은 그런 그를 능력으로 잠재웠습니다행 13:8-11. 총독 서기오 바울은 이 모든 일을 보고 바울을 신뢰하게 되었고 더불어 복음을 받아들였습니다행 13:12. 일행은 총독의 배려와 도움으로 로마의 행정선을 이용해 밤빌리아의 버가로 진출했습니다행 13:13. 바울과 바나바 일행은 구브로에서 어려움을 겪기도 했지만, 힘도 얻었습니다. 그들은 이제 서기오 바울의 도움과 하나님 안에서의 담대함으로 소아시아 깊은 곳으로 들어가려 합니다. 하나님께서는 비전을 품은 사람의 길을 형통하게 그리고 담대하게 하십니다.

구브로에서 드리는 기도

하나님, 주의 영이 허락하신 비전 가운데 돕는 자를 통한 형통의 길이 열리게 하소서.

비시디아 안디옥

예수 복음을 선포한 첫 번째 자리

사도행전 13장 23절
하나님이 약속하신 대로 이 사람의 후손에서
이스라엘을 위하여 구주를 세우셨으니 곧 예수라

    비시디아 안디옥Antioch of Pisidia은 소아시아 중서부 한복판에 위치한 도시였습니다. 남쪽에 큰 타우루스 산맥과 북동쪽의 술탄 산맥 사이 분지 형태로 된 고원 평지가 도시를 둘러싸고 있었습니다. 주변의 높은 산맥들이 자리를 잡고 있어서 군사적인 충돌과 전쟁이 많지 않은 채 상인들만 왕래하는 곳이었습니다. 그런데 평화롭던 시절도 잠시, 이 일대는 도적들이 들끓는 불안한 곳이 되고 말았습니다. 셀류코스 왕국은 결국 교통상 중요한 이곳에 제법 큰 규모의 군사 요새 도시를 세웠습니다. 그리고 도시 이름을 안디옥Antioch이라고 불렀습니다. 훗날 로마도 이곳의 중요성을 인식하고 안디옥에 은퇴한 로마 병사들과 본토 이탈리아의 시민들을 이주시켜 정착하도록 했습니다. 그리고 비아 세바스테via Sebaste라는 도로를 건설해 북쪽 부르기아와 남쪽 버가 및 안탈리아앗달리아로 이어지도록 했습니다. 이렇게 되자 도적은 줄어들었고 도시는 확실히 로마인의 것으로 발전하게 되었습니다. 바울은 구브로를 떠난 이후 줄곧 서기오 바울의 도움을 받아 이곳 비시디아 안디옥에까지 오게 되었습니다.

    바울은 비시디아 안디옥에 도착하여 오래전 이미 이곳에 있던 유

대인들의 회당에서 복음을 전했습니다. 그는 이곳 안디옥 회당에서
이방 땅 유대인과 이방인에게 예수 그리스도가 어떤 분인지를 처음
설교했습니다^{행 13:16~41}. 이때 바울이 선포한 내용은 오래전 베드로가
예루살렘에서 선포한 내용과 거의 같았습니다^{행 2:14~36}. 비시디아 안디
옥에서 바울은 유대인의 율법의 도리를 넘어서 예수 그리스도의 십

자가 능력이 참된 구원의 길임을 강조하고 있습니다. 바울은 비시디아 안디옥 회당에서 두 번에 걸쳐 이 담대한 설교를 전했습니다. 그러자 그의 선포는 곧 능력으로 나타났습니다. 경건한 헬라인을 비롯한 많은 이들이 그들이 전한 도리를 따르게 된 것입니다. 낯선 곳 비시디아 안디옥에서 바울은 그가 믿는 복음에 충실했고 그리고 담대했습니다. 이방인의 도시 비시디아 안디옥에도 바울의 담대함으로 예수 복음을 믿는 교회가 세워졌습니다. 여호수아에게서도 볼 수 있듯 하나님의 백성이 정초하는 곳에는 늘 담대함이 요구됩니다. 영적 담대함은 교회와 신앙이 뿌리내리는 데 절대로 필요한 요인입니다.

비시디아 안디옥에서 드리는 기도

오늘 내가 선 자리에서 예수 복음을 명료하게 선포할 수 있는 지혜와 용기를 주소서.

루스드라
무지한 이방인들을 대면한 자리

사도행전 14장 15절
이르되 여러분이여 어찌하여 이러한 일을 하느냐
우리도 여러분과 같은 성정을 가진 사람이라
여러분에게 복음을 전하는 것은 이런 헛된 일을 버리고
천지와 바다와 그 가운데 만물을 지으시고
살아 계신 하나님께로 돌아오게 함이라

루스드라Lystra는 비시디아 안디옥에서 동쪽으로 술탄 산맥을 넘어 만나는 루가오니아Lycaonia 지방의 중심 도시 이고니온Iconion 근처에 있던 도시였습니다. 이곳은 오래전부터 그 땅에 살던 루가오니아 사람들과 이후 도래한 갈라디아 사람들 그리고 지배자로 들어온 본도 사람들과 헬라 사람들 및 로마인들이 뒤섞여 살던 곳이었습니다. 그들 가운데에는 장사를 위해 들어온 유대인들도 상당수 있었습니다. 갈라디아의 루가오니아에서도 루스드라는 변두리 사람들이 많이 사는 작은 도시였습니다. 이곳 사람들은 한편으로 헬라 문화와 로마의 정치적 지배를 받았고 다른 한편으로 그들만의 변두리인으로서의 삶을 지키기도 했습니다. 그래서 그들의 삶의 방식은 대체로 혼재된 것들 투성이었습니다. 헬라인들이나 로마인들이 그들 나름의 품격으로 신들을 숭배했던 것과는 달리 이곳 사람들은 온갖 인습과 왜곡 가운데 지배자들의 종교와 문화를 받아들였습니다. 대표적인 것이 제우스Zeus와 헤르메스Hermes 신에 대한 신앙이었습니다. 루스드라 사람들은

언젠가 이 두 신이 그들 도시로 찾아왔을 때 그들을 잘 알아보고 환대해야 한다는 생각이 가득했습니다.

바울과 바나바는 이고니온을 거쳐 루스드라를 방문했습니다. 도시에 들어서서 두 사람은 나면서부터 걷지 못하는 사람을 고쳐주었습니다행 14:10. 그러자 도시의 사람들은 두 사도가 바로 제우스와 헤르메스라 여기고 그들을 숭배하며 제물을 바치려 했습니다^{행 14:12-13}. 순간 바울과 바나바는 그곳에서 절대적인 신으로 추앙될 수 있었습니다. 그러나 바울과 바나바는 신이 되기 위해 그곳을 찾은 사람들이 아니었습니다. 그들은 예수님의 복음을 전하기 위해 그곳에 간 것이었습니다. 제우스와 헤르메스인척 그들 위에 군림할 수도 있었으나 그들은 그 길을 가지 않았습니다. 바울과 바나바는 당장 그것을 멈추게 하고 루스드라 사람들이 두려움으로 숭배하는 지배자들의 종교를 넘어 온전하신 하나님을 향한 신앙으로 그들을 안내했습니다^{행 14:14-18}. 바울의 길은 정복자와 지배자의 길이 아닙니다. 바울의 길은 복음에 대한 순복으로 이방을 깨우쳐 하나님의 온전한 구원의 길로 안내하는 길입니다.

루스드라에서 드리는 기도

우리와 형제를 매어두는 신들로부터 일어서게 하시고 더 큰 하나님만을 예배하게 하소서.

예루살렘

이방인 선교를 위한 신중한 토론의 자리

갈라디아서 2장 16절
사람이 의롭게 되는 것은 율법의 행위로 말미암음이 아니요
오직 예수 그리스도를 믿음으로 말미암는 줄 알므로
우리도 그리스도 예수를 믿나니 이는 우리가 율법의 행위로써가 아니고
그리스도를 믿음으로써 의롭다 함을 얻으려 함이라
율법의 행위로써는 의롭다 함을 얻을 육체가 없느니라

　　바울과 바나바를 파송한 안디옥 교회는 이방인에게 개방된 교회였습니다. 그래서 안디옥 교회에서는 어디서나 유대인과 이방인이 함께 교제하는 일이 잦았습니다. 안디옥을 방문한 베드로 역시 이방인들과 한 식탁에서 교제했습니다. 바나바 역시 마찬가지였습니다. 바나바도 바울과 첫 선교여행을 마치고 돌아와 안디옥 교회 이방인 그리스도인들과 스스럼없이 어울렸습니다. 그때 예루살렘에서 온 일단의 사람들이 '할례'받지 않은 이방인들과 교제하는 것에 대해 문제 삼고 이방 그리스도인들 역시 할례를 받아야 한다고 주장했습니다행 15:1. 그러자 베드로와 바나바는 그들과의 충돌을 피하여 이방인과 교제를 멈췄습니다갈 2:11-13. 이방인에 대한 선교를 마치고 돌아온 바울은 화가 났습니다. 당장 베드로와 바나바를 비판했습니다. 그는 이 문제를 예루살렘 교회의 지도자들과 논의하기로 마음먹었습니다. 그리고 예루살렘으로 가서 지도자들과 진중하게 토론했습니다. 최초의 공식 교회 회의로 알려진 예루살렘 회의에서 야고보는 이방인에 관한 문제

를 다음과 같이 정리했습니다. "이방인 중에서 하나님께로 돌아오는 자들을 괴롭게 하지 말고 다만 우상의 더러운 것과 음행과 목매어 죽인 것과 피를 멀리하라"행 15:18-19. 교회는 그 말에 모두 찬성하고 그것을 여러 교회에 편지하기로 했습니다. 바울을 비롯한 예루살렘 교회 지도자들과 사도들은 누구에게나 복음이 증거되어야 한다는 결론에

이르기 위해 서로를 향해 진중하고 서로를 향해 최선을 다했습니다.

바울은 이방인에게 복음을 전하는 사명에 집요했습니다. 그는 그리스도께서 주신 자유와 이방인을 향한 사명을 붙들고 굳세게 서는 것이 중요했습니다갈 5:1. 그래서 그는 이 세상 모든 이들에게 복음이 전파되는 일을 가로막는 어떤 것에 대해서도 단호했습니다. 그러나 다른 한편으로 바울은 이 사안이 교회 공동체 모두의 조화롭고 은혜로운 결론으로 실천되기를 바랐습니다. 바울은 자기에게 주어진 사명에 대해 고집스러웠습니다. 그러나 그 모든 일은 그리스도의 교회 안에서 일어나야 했습니다. 바울은 그 접점을 찾는 일에 수고를 아끼지 않았습니다. 바울의 길은 하나님 안에서 모두가 협력하여 아름다운 결실을 보는 길입니다.

예루살렘에서 드리는 기도

세상 모든 민족에게 복음이 증거되는 그날까지 우리의 수고로운 헌신이 계속되게 하소서.

길리기아 관문

새로운 지경으로 넘어서는 자리

고린도전서 15장 10절
그러나 내가 나 된 것은 하나님의 은혜로 된 것이니
내게 주신 그의 은혜가 헛되지 아니하여
내가 모든 사도보다 더 많이 수고하였으나
내가 한 것이 아니요 오직 나와 함께 하신 하나님의 은혜로라

유럽에서 소아시아 그리고 아나톨리아를 지나 시리아와 메소포타미아로 넘어가는 여정에는 타우루스Taurus라는 큰 산맥이 버티고 있습니다. 타우루스 산맥은 그 이름 '황소'처럼 거대하고 우직하게 소아시아 반도의 남부를 동서로 가로질러 우뚝 서 있습니다. 평균 고도가 2천5백 미터 이상 되는 흙빛 산들은 산지 이쪽과 저쪽을 완전히 갈라 놓습니다. 고대로부터 왕들과 군사들은 이 산맥을 넘어 소아시아와 유럽으로, 혹은 시리아와 메소포타미아로 진출했습니다. 물론 이 거대한 산맥에는 사람들이 지나다니는 통로가 있었습니다. 길리기아의 관문the Gate of Cilicia라고 불리는 통로입니다. 지배자들은 이 관문을 중요하게 여겨서 관문과 양쪽 봉우리에 수비대를 배치하고 지켰습니다. 지금도 그렇지만 관문을 넘어서는 것은 자기 지경을 넘어서서 새롭고 낯선 지경으로 들어서는 것입니다. 사실이 그렇습니다. 지중해의 영향을 받는 온화한 길리기아 평원에서 길을 나서 이 높은 관문을 지나 마주하는 이고니온의 고원 지대는 끝도 없는 황무한 지평선뿐입니다.

　예루살렘 사도들에게서 이방인 사역 지침에 관한 편지를 받은 바울과 실라는 한동안 수리아와 길리기아 일대를 다니며 편지 내용을 전하다가 드디어 본격적인 전도여행을 나섰습니다^{행 15:41-16:1}. 그렇게 그들은 길리기아와 수리아로부터 갈라디아로 넘어갔습니다. 당연히 이 길리기아 관문을 넘어갔습니다. 바울로서는 길리기아로부터 관문

을 통과해 갈라디아로 나아간 것은 이번이 처음입니다. 모든 것이 새롭고 낯설었습니다. 도대체 익숙해지지 않는 현실입니다. 그러나 바울은 이고니온의 낯선 지평선을 어색함과 두려움으로만 대하지 않았습니다. 그는 그 모든 낯선 길을 단단한 마음으로 이겨나갔습니다. 그렇게 한 걸음씩 걸어 루스드라에 도착했습니다. 훗날 바울은 자신의 사도로서 모든 수고로운 경험이 "하나님의 은혜"라고 고백했습니다 고전 15:10. 그는 낯선 지경의 경험을 하나씩 그의 온몸으로 담아내고 결국에 그 모든 축적을 사도로서의 사역에 쏟아냈습니다. 바울의 길은 낯선 지경에서 얻은 경험들로 가득합니다. 그러나 모든 경험은 곧 감사와 은혜입니다.

길리기아 관문에서의 기도

주님, 이 문을 넘어서 경험하는 모든 낯선 것들이 주님의 은혜로 쌓이게 하소서.

드로아

더 큰 사역을 향한 비전의 자리

사도행전 15장 9절

믿음으로 그들의 마음을 깨끗이 하사
그들이나 우리나 차별하지 아니하셨느니라

    드로아Alexandria Troas는 트로이의 왕자 헥토르와 테살리의 아킬레스가 벌인 유명한 전투로 유명한 트로이Troy에서 유래한 도시입니다. 알렉산더의 장군들은 그들의 헬라왕국을 세워 나갈 때 옛 트로이가 위치해 있던 지역 근처 시게이아Sigeia라는 작은 포구에 옛 트로이의 명성을 생각하며 도시 하나를 건설했습니다. 그것이 바로 드로아입니다. 그 시대 드로아는 흑해와 마게도냐 그리고 아가야로 이어지는 무역 및 행정 항로의 기점이었습니다. 드로아는 위치상 주변 바다를 통제하기에 좋은 곳이었습니다. 그래서 율리우스 카이사르나 콘스탄티누스 황제는 이 도시를 로마의 새 수도로 삼을까 궁리를 하기도 했습니다. 드로아는 정확히 소아시아반도의 서쪽 아시아 속주Asia Province 내에서 북쪽에 위치한 무시아Mysia라고 불리는 지역의 서쪽 끝, 에게해Aegean Sea를 바라보는 곳에 있었습니다. 거기서 바다를 넘어가면 그리스의 마케도니아입니다.

    바울과 일행은 갈라디아를 계속 관통해 부르기아를 지나 아시아로 가는 길과 비두니아로 가는 길이 갈라지는 자리에 이르렀습니다. 그런데 하나님의 영께서는 그들이 왼쪽으로 돌아 아시아 내륙으로 가

서 복음 전하는 일을 막으셨습니다행 16:6. 그래서 바울은 다시 오른쪽
으로 길을 틀어 비두니아Bithynia와 본도Pontus로 가서 거기서 복음을 전
하려 했습니다. 그러나 이번에도 성령께서는 그의 길을 허락하지 않
으셨습니다행 16:7. 바울은 결국 아시아 속주와 비두니아 사이 소아시
아 반도의 구석, 무시아로 가는 길로 나갔습니다. 그리고 그 땅 끝자

락에 놓인 드로아에 도착했습니다. 바울은 드로아 항구 방파제에 서서 에게해를 바라보며 하나님의 뜻이 무엇인지 분별하려 애썼습니다. 그때, 하나님께서는 바다 건너 마게도냐 사람들이 부르는 환상을 보여주셨습니다. 바울은 막다른 드로아에서 확장된 선교의 길을 보게 되었습니다. 어느 방향으로 나아가야 할지 분별하기 어렵고 막다

른 길에 도달하여 더 이상 갈 바를 알지 못할 때 하나님께서는 새로운 지경을 열어주셨습니다. 바울의 길은 그렇게 더욱 낯선 이방의 땅 헬라 문화의 심장으로 나아가게 됩니다.

드로아에서 드리는 기도

막다른 곳이라도 하나님의 뜻이 무엇인지 분별할 수 있는 영적 겸손을 허락하여 주소서.

빌립보

기대 속에서 절망을 경험한 자리

데살로니가전서 2장 2절
너희가 아는 바와 같이 우리가 먼저 빌립보에서
고난과 능욕을 당하였으나 우리 하나님을 힘입어
많은 싸움 중에 하나님의 복음을 너희에게 전하였노라

빌립보Philippi는 알렉산더의 아버지 필리포스 2세Philipos II, 재위 주전 359-339년가 광산 채굴과 주변 관리를 위해 세운 도시였습니다. 도시 이름은 당연히 자신의 이름을 따른 것입니다. 훗날 이 도시는 로마의 내전으로 유명해졌습니다. 카이사르Gaius Julius Caesar가 암살당한 후 공화파와 카이사르파는 크게 충돌했는데 그들의 승부가 판가름 난 곳이 바로 이 빌립보였습니다. 이후 안토니우스와의 내전에서 최종 승리한 카이사르의 양자 아우구스투스는 불필요한 군단 군인들을 퇴역시키고 여러 식민 도시들에 정착하도록 했는데 빌립보는 그 가운데 하나였습니다. 퇴역 군인들은 넉넉한 퇴직금을 그들의 도시에 투자했습니다. 그래서 도시는 경제적으로 번성했습니다. 빌립보는 흡사 '작은 로마little Rome'라 불리는 곳이었습니다. 도시는 로마처럼 이원 집정관체제duumvirate로 운영되고 있었으며, 도시의 시민은 로마 본토 시민들과 동등한 권리를 갖고 있었습니다. 무엇보다 빌립보의 시민들은 로마에 대한 자부심이 대단했습니다. 그들은 로마인으로 명예롭게 사는 일을 가치 있게 여겼습니다.

　드로아에서 바다를 건너 빌립보에 온 바울은 거기서 유대인의 회당을 볼 수 없었습니다. 안식일이 되자 그들은 성 밖 간기테스Gangites 강가에 유대인들이나 신실한 사람들을 찾았습니다. 루디아를 만난 것은 바로 거기서였습니다행 16:12~15. 은혜로운 시작이었습니다. 그런데 문제는 그들이 점치는 여종을 귀신으로부터 자유하게 한 일이었

습니다. 돈벌이를 할 수 없게 된 주인은 바울과 실라를 고발했습니다. 그런데 도시 통치자들은 합당한 절차 없이 그들을 구타하고 감옥도 아닌 곳에 가두었습니다. 자부심 강한 로마시민이 할 행동이 아니었습니다. 다음 날 바울이 로마 시민이라는 것이 밝혀져 풀려나게 되자 통치자들은 자신들의 불법적인 행동들이 알려질까 싶어 바울과 실라 및 일행에게 조용히 성을 떠날 것을 권합니다. 말하자면 협박을 한 것입니다. 바울과 일행으로서는 희망과 기대로 밟은 땅에서 예상치 못한 고난을 경험했습니다. 그러나 이것은 그들이 앞으로 받을 고난의 예고편이었습니다. 새로운 지경은 새로운 고난으로 다가옵니다. 그러나 바울은 그 길 가는 것을 멈추지 않았습니다.

빌립보에서 드리는 기도
고난이 예상되는 자리에서도 두려움 없이 그리스도인임을 선포하게 하소서.

데살로니가

이방 땅의 무서움을 경험한 자리

데살로니가전서 2장 9절
형제들아 우리의 수고와 애쓴 것을 너희가 기억하리니
너희 아무에게도 폐를 끼치지 아니하려고 밤낮으로 일하면서
너희에게 하나님의 복음을 전하였노라

데살로니가Thessalonica는 지금도 그리스에서 두 번째로 큰 도시
입니다. 알렉산더 왕에게는 여동생이 있었는데 이름이 테살로니
키Thessaloniki였습니다. 테살로니키는 훗날 알렉산더의 장군 카산더
Cassander와 결혼했는데, 그가 도시 하나를 건설하고서 그곳을 아내의
이름을 따라 데살로니가로 정했습니다. 데살로니가는 마케도냐의 수
도 펠라Pella보다 더 번성했습니다. 로마의 도시가 되고 난 후 마케도냐
를 동서로 잇는 에그나티아 가도via Egnatia가 만들어지면서 도시는 제
국 동방 물류의 핵심으로 떠올랐습니다. 로마시대 데살로니가는 크
게 번창해서 도시와 도시 주변의 도로는 줄곧 물건을 실은 마차들로
가득했습니다. 그래서 한때 이 도시로 정치적인 망명을 했던 키케로
Cicero는 에그나티아 가도에 교통체증이 심하다고 불평하기도 했습니
다. 로마 사람들은 번성하는 데살로니가에 자치의 자유를 주고 우대
했습니다. 그렇게 두는 것이 로마에게도 큰 이득이었기 때문입니다.

빌립보를 떠난 바울 일행은 에그나티아 도로를 따라 1백5십 킬로
미터 서쪽에 있는 데살로니가에 도착했습니다. 바울은 유대인 회당

에서 예수를 전했습니다. 그때 바울은 야손이라는 사람의 집에 머물렀는데 도시의 불량한 패거리들이 유대인들의 사주를 받아 바울 일행을 "천하를 어지럽게 하는 사람들"이라고 모함하고서 통치자들에게 고소했습니다^{행 17:6}. 당시 일단의 유대인들이 소동을 일으킨 죄로 클라오디우스 황제의 로마에서 쫓겨나 제국의 동쪽으로 이동해 와

있었는데, 그들을 빗대 모함을 한 것이었습니다. 도시의 통치자들은 별스럽지 않게 여기고서 보석금을 받고 야손과 일행을 풀어주었습니다행 17:9. 그러나 이 일은 바울 일행에게 거대한 헬라 문화와 제국의 현실을 직면하게 한 사건이었습니다. 그는 곧 도시를 떠나야 했습니다. 급하게 떠나느라 이제 막 세워진 교회의 성도들을 단속할 여유를 갖지도 못했습니다. 덕분에 새로운 교회 공동체와 그 주변에는 바울에 대한 오해가 쌓였습니다. 바울은 데살로니가의 경험이 두렵기도 했고 무엇보다 안타깝기도 했습니다. 바울의 길은 그렇게 당대 세계의 중심, 헬라의 본거지로 다가갈수록 힘들어만 갔습니다.

데살로니가에서 드리는 기도
다가갈수록 실망과 좌절을 느끼는 현실에서도 사명의 길에서 내려서지 않게 하소서.

아덴

십자가를 미련하게 여기는 사람들을 만난 자리

고린도전서 1장 27절
그러나 하나님께서 세상의 미련한 것들을 택하사
지혜 있는 자들을 부끄럽게 하려 하시고
세상의 약한 것들을 택하사 강한 것들을 부끄럽게 하려 하시며

아테네Athens는 명실공히 헬라와 로마 심지어 페르시아 일대를 통틀어 최고의 도시라 할 만했습니다. 소위 고전시대the classical period, 주전 5세기로 접어들면서 아테네는 세계를 선도하는 문화를 형성했습니다. 아테네는 일단 페르시아의 침략을 막아내는 과정에서 헬라의 선두주자로 섰습니다. 그러면서 민주주의와 함께 철학과 문학을 크게 발전시켰습니다. 이후 마케도냐가 지배하던 시절에도 아테네는 여전히 중심지로서 명성을 잃지 않았습니다. 로마 시대의 아테네는 스스럼없이 세계 문화의 중심을 자처했습니다. 그래서 스토아학파the Stoics나 에피쿠로스학파the Epicureans 등의 수많은 철학자와 문학가, 그리고 예술가들이 이 도시를 그들의 활동 기반으로 생각했습니다. 고귀한 것들이 넘쳐나는 아테네에는 그래서 신과 세상과 철학에 대한 논쟁들로 가득했습니다. 특히 파르테논 신전이 있는 아크로폴리스 아래 옛 법정 자리인 아레오바고Areopagys, '아레스 신의 바위'와 그 아래 아고라Agora에서는 곳곳에서 소위 진리에 관한 토론들이 끊임없이 이어졌습니다.

빌립보와 데살로니가에서 힘든 시간을 보낸 바울은 베뢰아Berea를

지나 홀로 아덴아테네에 도착했습니다행 17:10-15. 그는 거기서 어느정도
기력을 해복해 회당과 거리에서 유대인과 헬라 사람 모두에게 예수
그리스도를 증거했습니다행 17:17. 그러던 어느 날 바울이 당대 철학의
양대 산맥이라 할 수 있는 에피쿠로스 학파와 스토아 학파 사람들과
더불어 논쟁할 때, 사람들은 그 말을 신기하게 여겨 바울을 아테네의

대표적인 논쟁터 아레오바고로 데려갔습니다. 그 자리에서 바울은 헬라 철학과 문학의 기조에 근거하여 하나님에 대하여 그리고 인간 삶에 대하여 멋진 연설을 했습니다^{행 17:22-31}. 그러나 아덴은 확실히 어려운 곳이었습니다. 그들은 예수 그리스도의 십자가 죽음과 부활 이야기를 들으며 그것을 미련한 것으로 여겼습니다^{행 17:32-33, 고전 1:27}. 바울은 결국 이곳 아테네에서 교회를 이룰 만큼 충분히 사람들을 끌어내지 못했습니다. 아덴은 세속의 지고한 문화 중심지답게 바울에게 자리를 내어주지 않았습니다. 바울의 길은 여기 세상 문화의 중심에서 크게 낙담하고 좌절하고 맙니다.

아테네에서 드리는 기도

교만한 세상 문화 앞이라도 십자가가 여전히 우리에게 능력이 됨을 잊지 않게 하소서.

고린도

두렵고 떨리는 자리

고린도전서 2장 3절
내가 너희 가운데 거할 때에 약하고 두려워하고 심히 떨었노라

신화의 이야기가 넘쳐나는 도시 고린도_{Corinth}는 주전 7세기 헬라 세계에서 강력한 나라로 발전하게 됩니다. 주로 해상무역을 통해 막대한 이득을 취했습니다. 고대 고린도에는 특히 아프로디테 여신의 신전이 크게 성행했는데 그 신전 창기들만 해도 수천 명에 이르렀습니다. 당연히 고대 고린도는 성적으로 문란했습니다. 그래서 헬라 사람들은 '코린티아제스타이_{Korinthiazesthai}'라는 말을 '성적으로 문란한 사람'에 대한 표현으로 사용하기도 했습니다. 로마에 의해 한때 파괴되었다 카이사르에 의해 재건된 고린도는 무역 도시로 다시 일어섰습니다. 덕분에 고린도의 아크로폴리스 경사면에는 거래를 위한 상관이 발달했습니다. 흥미롭게도 여기서 나누는 만찬 음식들은 주로 도심 신전에서 나온 제사 제물이었습니다. 이 시대 고린도 사람들은 대체로 해방된 노예 출신 상인과 기술자들이었습니다. 그래서인지 도시 사람들은 자신들의 위치에 대해 열등감이 있었고 항상 누군가를 경시하거나 의심하곤 했습니다.

한편 바울은 상심한 채 아테네를 떠나 고린도에 왔습니다^{행 18:1}. 고린도에서 바울은 클라우디우스_{Claudius, 글라우디오} 황제의 추방령 때문에

로마를 떠나와 있던 아굴라와 브리스길라 부부를 만나 그들과 천막
을 만드는 일에 전념했습니다^{행 18:2-3}. 그 사이 디모데와 실라도 바울
과 합류했습니다. 바울의 좌절한 마음은 어느 정도 치유가 되었습니
다. 바울은 가만히 있을 수 없었습니다. 그는 곧 회당으로 가서 거기
서 다시 복음을 전했습니다^{행 18:4-5}. 그러나 유대인들은 여전히 바울을

괴롭혔습니다^{행 18:6}. 결국 바울은 회당 대신 디도 유스도의 집에서 복음을 전했습니다^{행 18:7~11}. 그러나 유대인들과 도시 사람들은 바울을 가만 두지 않았습니다. 그들은 바울을 아가야의 총독 갈리오^{Lucius Iunius Gallio}에게 고소했습니다^{행 18:12~17}. 바울은 다시 고린도를 떠나야 했습니다. 바울은 고린도에서 "예수 그리스도의 십자가 외에는 아무것도 알지 않기를 원했지만", "약하며 두려워하여 심히 떨기도" 했습니다^{고전 2:3}. 동족의 괴롭힘과 문화적 교만함이 가득한 헬라 본토는 참으로 바울을 어렵게 했습니다. 이곳에서 이어진 바울의 길은 많은 결실에도 불구하고 지치고 피곤한 여정이었습니다.

고린도에서 드리는 기도

약해져 두려움 가운데 있을지라도 예수님의 십자가 사명으로 굳건하게 서게 하소서.

Forty day Meditations for Spiritual Pilgrims

십자가의 길

Forty day Meditations for Spiritual Pilgrims

십자가의 길

에베소
세상을 새롭게 한 자리

사도행전 19장 10절
두 해 동안 이같이 하니
아시아에 사는 자는 유대인이나 헬라인이나
다 주의 말씀을 듣더라

에베소Ephesus는 소아시아 남서쪽의 오래된 항구도시였습니다. 주전 7세기경 헬라 본토의 이오니아 사람들이 와서 도시를 세웠는데 그것이 에베소의 시작이었습니다. 에베소 하면 아르테미스Artemis 여신 숭배가 유명합니다. 아르테미스는 올림포스의 열두 신 가운데 하나이지만, 그보다 오래전부터 소아시아와 메소포타미아 일대에서 아나트 혹은 아세라라 불리며 유명한 여신이었습니다. 아시아와 헬라의 문화가 뒤섞인 에베소에는 도시가 세워질 때부터 거대한 아르테미스 신전이 있었습니다. 신전 바닥의 크기는 9천백 제곱미터에 이르렀고 지름 2미터에 높이 20미터에 이르는 기둥들이 약 127개나 세워져 있었습니다. 사람들은 이 신전을 순례하고 '은으로 만든 아르테미스 신상'을 바치는 것을 굉장한 영광이요 즐거움으로 여겼습니다. 당연히 아르테미스 신전은 결국 도시 경제에 없어서는 안 될 큰 밑천이 되었습니다.

바울은 세 번째 전도 여행의 어느 시점에서 리쿠스 계곡Lycus valley을 따라 에베소로 와 복음을 전했습니다. 에베소에서 그는 더욱 단단해

"그러므로 나는 할 수 있는 대로
로마에 있는 너희에게도 복음 전하기를 원하노라"

로마서 1장 15절

진 느낌입니다. 바울은 먼저 제자들을 세웠습니다행 19:1-7. 그는 제자들에게 성령으로 세례받는 일의 중요성을 가르쳤습니다. 아울러 그는 두란노Tyrannus라는 곳에서 약 2년에 걸쳐 제자들과 에베소 사람들에게 장기교육을 수행했습니다행 19:8. 몇몇 성경 사본에 의하면 바울은 이 서원에서 매일 오전 11시부터 오후 4시 사이에 정규적으로 사람들을 가르쳤다고 합니다. 마지막으로 바울은 큰 능력을 행하여 에베소 사람들이 미신으로부터 빠져나오도록 이끌기도 했습니다행 19:11-19. 일대 사회 혁신을 이룬 것입니다. 바울의 이런 대사회적 사역은 에베소 사람들의 경제기반을 흔들었습니다. 무엇보다 '아르테미스 장사'에 큰 타격이었습니다. 결국 위기의식을 느낀 도시 사람들은 큰 소요를 일으켰습니다행 19:23-41. 도시는 바울의 사역으로 변화했습니다. 바울의 사도로서의 길은 한 영혼과 개인 그리고 공동체를 넘어 당대 사회의 변화에까지 영향을 끼치는 행보였습니다. 그리스도인의 사역은 세상 변화를 추구하거나 목적하지 않습니다. 그러나 사역의 결실은 세상의 회복을 이루기도 합니다.

에베소에서 드리는 기도

우리의 수고와 헌신이 세상을 하나님의 뜻 아래 새롭게 하는 역사가 되게 하소서.

골로새

큰 마음을 전하고 나눈 자리

빌레몬서 1장 16절
이 후로는 종과 같이 대하지 아니하고
종 이상으로 곧 사랑 받는 형제로 둘 자라
내게 특별히 그러하거든 하물며 육신과 주 안에서 상관된 네게랴

골로새Colosae는 소아시아 반도 중심부에서 서쪽 에베소와 밀레토스가 있는 해안을 향해 뻗은 리쿠스 계곡the Lycus canyon의 시작 지점에 있었습니다. 리쿠스 계곡에는 골로새 외에도 온천과 멋진 석회암, 그리고 '지옥의 문' 신탁으로 유명한 히에라볼리Hieapolis, 오늘날 파묵칼레와 금융과 제약으로 유명한 라오디게아Laodikea가 있었습니다. 골로새와 이 도시들은 동쪽의 갑바도기아로부터 이고니온 그리고 에베소와 밀레토스로 이어지는 대상로에서 생산과 무역, 휴양과 치료 등에서 많은 이익을 얻고 있었습니다. 특히 골로새는 모직 산업으로 유명했고 모직 원단 판매를 통해 막대한 이득을 취하고 있었습니다. 골로새에는 유대인들도 많았습니다. 그들은 셀류코스 왕들의 명령으로 이 도시에 유입되어 제법 큰 세력을 형성하고 있었습니다. 중요한 것은 바울의 시대에 이르러 골로새에 유대주의와 영지주의, 그리고 인근의 이방 문화와 사상들이 혼재해 사람들을 배움에 혼란을 겪고 있었다는 것입니다.

바울이 이 도시에 들렀는지는 분명하지 않습니다. 들렀다면 그것

은 아마도 3차 전도여행 중이었을 것입니다. 바울이 실제로 이 도시
에 들르지 않았다 해도 리쿠스의 도시들에는 바울의 동역자들이 있
었습니다. 빌레몬Philemon과 그 가족들, 눔바Nymphas와 그의 가족들, 그
리고 바울에게 위임받아 이곳에서 사역한 에바브라Epaphras 등입니다.
이들 가운데 골로새에 살던 빌레몬의 이야기는 바울의 길에서 무척 중요한 사람입니다. 그의 노예였던 오네시모Onesimus가 그에게서 도망쳐 로마의 감옥에 있던 바울에게 갔었고 이후 바울에 의해 교회의 중요한 사역자로 세움을 받았기 때문입니다. 바울은 빌레몬에게 오네시모를 용서하고 그를 형제로 여기고 결국에 그를 동역자로 세우자고 권면했습니다몬 1:16. 바울의 제안은 당시로서는 파격적이었습니다. 그는 빌레몬과의 대화를 통해 하나님 나라 공동체의 큰마음을 세워갔습니다. 바울이 말하는 예수 공동체에서는 세상이 말하는 높낮이나 가진 것 유무 등이 중요하지 않았습니다. 그곳에서 중요한 것은 예수님을 닮아 서로 섬기는 가운데 서로를 세우는 큰마음이었습니다몬 1:25. 바울의 길은 예수님을 따라 큰마음을 세우고 나누는 길입니다.

골로새에서 드리는 기도
오늘 예수님의 마음을 따라 크고 넓은 마음으로 살아가는 주님의 사람이 되게 하소서.

일루리곤

땅 끝의 비전을 바라본 자리

로마서 15장 19절
표적과 기사의 능력으로 성령의 능력으로 이루어졌으며
그리하여 내가 예루살렘으로부터 두루 행하여
일루리곤까지 그리스도의 복음을 편만하게 전하였노라

일루리곤Illyricum은 보통 헬라 사람들이 일리리아Illyria라고 부르던 지역을 로마식으로 부른 이름이었습니다. 원래 헬라 시대에 일리리아는 발칸반도 서쪽 끝 지금의 알바니아 영토 일대를 지칭했습니다. 그런데 주전 2세기 로마가 이곳을 점령하면서 일리리아는 마케도냐 속주가 되었습니다. 후에 티베리아스 황제 시절 북쪽 다뉴브강 아래에 판노니아Pannonia가 새 속주가 되면서 일루리곤은 달마티아Dalmatia, 담후 4:10라는 이름으로 통합되고, 결국에는 달마티아라는 속주로 발전 통합되고 후일 독립 속주로 발전했습니다. 여기 일루리곤에는 디르하키움Dyrrhachium이라는 항구 도시가 하나 있었습니다. 마케도냐를 동쪽에서 서쪽으로 관통하는 유명한 에그나티아 가도 서쪽 끝이 바로 디르하키움이었습니다. 로마 사람들은 비잔티움에서 시작되는 도로를 따라 빌립보, 데살로니가, 펠라 등을 지나 이곳 디르하키움에서 배를 타고 이탈리아로 건너갔습니다. 일루리곤과 디르하키움은 당대 세계의 중심인 이탈리아와 로마로 가는 중요한 길목이었던 것입니다.

바울은 소란스러워진 에베소를 떠나 다시 마게도냐로 왔습니다.

그리고 고대하던 빌립보와 데살로니가의 성도들을 만났습니다^{행 20:1}.
바울은 이때 에그나티아 가도를 따라 계속 서쪽으로 간 모양입니다.
그리고 일루리곤 일대를 다녀 거기서도 복음을 전했습니다^{롬 15:19}. 디
르하키움에도 들렀을 것입니다. 바울은 여기서 로마에서 새롭게 서
고 있는 교회들에 대한 소식을 들었습니다. 그는 후일 고린도로 가서

로마의 성도들에게 편지를 보내면서 그곳에 주님의 교회들이 바르게 선 것을 보고 더 나아가 아직 복음 선교의 블루오션인 스페인 일대에서 복음을 전하려 한다는 것을 알렸습니다롬 15:23. 바울은 이제 새로운 사명의 길을 모색하고 있습니다. 열정의 바울은 성공한 자리에서 만족하지 않았습니다. 그는 하나님을 알지 못하고 예수님의 십자가를 알지 못하는 곳을 위해 세움받은 사람이었습니다. 낯선 곳, 낯선 사람들에게 나아가는 것이야 말로 그에게 주어진 사명이었습니다. 일루리곤에서 바울이 바라본 로마는 최종 정착지가 아니라 경유지였습니다. 일루리곤에서 바울의 길은 자신만의 땅 끝을 바라봅니다.

일루리곤에서 드리는 기도
복음을 위하여 늘 새로운 지경으로 나아가도록 우리 마음을 인도하소서.

밀레도

지체들과의 나눔과 격려의 자리

사도행전 20장 28절
여러분은 자기를 위하여 또는 온 양 떼를 위하여 삼가라
성령이 그들 가운데 여러분을 감독자로 삼고
하나님이 자기 피로 사신 교회를 보살피게 하셨느니라

밀레토스Miletus는 그리스 본토 이오니아 사람들이 소아시아 서쪽 해변에 세운 도시 가운데 가장 유명한 곳이었습니다. 밀레토스는 고대 헬라에서 '밀레토스 학파'라고 불리는 철학자들로 유명했습니다. 아테네의 소크라테스와 플라톤 보다 훨씬 앞선 시절 자연철학자들인 탈레스Thales나 아낙시만더Anaximander 혹은 아낙시메네스Anaximenes 등이 바로 그 사람들이었습니다. 그러나 밀레토스는 경제적인 면에서 더욱 큰 도시였습니다. 도시는 라트미아 만에 큰 항구를 가지고 규모있는 무역 활동에 참여했습니다. 지중해 여러 곳에서 온 물류들이 도시에 모여들고 집결한 뒤 여기서 흩어졌습니다. 배들과 상인들은 항상 여기에 들러 거래를 했습니다. 거래량이 워낙 많아 배들은 다른 항구보다 오래 머물 때가 많았습니다.

바울은 예루살렘으로 가는 길에 마게도니아에서 배를 타고 드로아Troas에 왔습니다. 거기서 앗소Assos로 걸어 이동한 뒤 다시 배를 타고 소아시아 연안의 여러 항구도시를 거쳐 갔습니다. 그때 그가 탄 배가 유명한 도시 밀레토스에 잠시 정박했습니다. 바울은 당장 에베소

의 장로들을 오게 해 그들과 만났습니다. 바울은 밀레토스 항구의 유명한 원형 기념비가 서 있는 계단에서 장로들과 만났습니다. 예루살렘으로 향하는 여행이 어떤 결과를 초래할지에 대해 알지 못했습니다. 그가 계획한 대로 예루살렘에서 로마와 서바나로 여행하게 된다면 다행일 것입니다. 그렇게 되면 그가 하고자 하는 일을 잘 마치고

에베소로 와 성도들과 안식할 수 있었을 것입니다^{행 20:32}. 그러나 그것은 확신할 수 없는 일입니다. 결국 바울은 소아시아의 중심 에베소 교회의 장로들과 마지막 당부의 자리를 만들었습니다. 그가 에베소의 형제들에게 원한 것은 오직 복음의 능력이 에베소에서 살아 움직이는 것이었습니다. 바울은 말합니다. "말씀이 여러분을 능히 든든히 세우사 거룩하게 하심을 입은 모든 자 가운데 기업이 있게 하시리라"^{행 20:32}. 그는 예수님께서 잡히시던 밤에 하셨듯 에베소의 성도들을 복음 가운데 굳건하게 하고 담대하게 하고 있습니다. 바울은 마지막이 될지도 모를 길에서 남겨진 성도들을 염려하며 격려했습니다. 그의 마지막 당부는 분명 '목자의 신실한 언어'였습니다.

밀레도에서 드리는 기도

우리에게 주어진 양들에 대하여 변함없고 신실한 목자의 마음을 품게 하소서.

예루살렘

갈등이 첨예해진 자리

사도행전 21장 20~21절

그들이 듣고 하나님께 영광을 돌리고 바울더러 이르되
형제여 그대도 보는 바에 유대인 중에 믿는 자 수만 명이 있으니
다 율법에 열성을 가진 자라
네가 이방에 있는 모든 유대인을 가르치되 모세를 배반하고
아들들에게 할례를 행하지 말고
또 관습을 지키지 말라 한다 함을 그들이 들었도다

　　바울이 밀레도를 떠나 여행하던 시점에 예루살렘은 무교절을 지나 오순절을 맞을 준비를 하고 있었습니다^{행 21:1}. 유월절과 무교절에 예루살렘을 찾아온 유대인들은 오순절까지 지키기 위해 예루살렘에 머물고 있었습니다. 들썩이는 무대, 예루살렘은 그렇지 않아도 복잡하기 이를 데가 없는 곳이었습니다. 예수님께서 십자가에 처형되던 시점에도 그랬는데 지금도 못지않게 분위기는 심각하고 날카로워져 있었습니다. 바울이 방문하던 때로부터 약 12년이 지난 후 발발하는 유다 전쟁the Jewish War의 전조들이 이미 곳곳에서 나타나고 있었습니다. 특히 시카리Sicarii 혹은 열심당the Zealots이라고 불리는 사람들은 공공연하게 칼을 차고 다니며 예루살렘의 분위기를 고조시켰습니다. 그들은 과격한 사람들이었습니다. 그들은 같은 유대인이라도 성전과 성경에 대한 신앙에 위배 된다고 여겨지면 납치하고 살해하기를 주저하지 않았습니다. 그들은 마치 물에 예민한 나트륨처럼 조금의 자극

에도 터지기 일쑤였습니다.

주후 58년 이런 분위기에 바울은 예루살렘에 도착했습니다. 형제들은 바울을 크게 환영하는 동시에 예루살렘 상황이 심각하다는 것도 경고했습니다^{행 21:20-22}. 그들은 오랫동안 이방인들과 어울린 바울이 성전에서 정결 예식을 치를 때 주의해야 한다고 했습니다^{행 21:23}. 일단 바울은 교회가 안내하는 대로 주의하여 성전에 올라갔습니다. 그런데 거기서 사단이 발생하고 말았습니다. 열성분자들이 그가 데려온 에베소의 이방인 드로비모Trophimus가 성전 유대인만의 구역을 침범했다고 주장한 것입니다행 21:29. 결국 예루살렘은 큰 소동에 휩싸였습니다. 기어코 성전 옆 안토니우스 요새에 있는 로마 군인들이 상황을 진정시키고 바울을 요새로 데려갔습니다. 바울은 로마군 천부장을 설득해 형제들의 언어 히브리어로 예수 복음의 당위성을 선포했습니다행 22:1-22. 바울은 갈등이 극단으로 치닫는 가운데서도 기회를 놓치지 않고 형제 유대인들에게 예수 그리스도의 복음 앞으로 나오도록 외쳤습니다. 그는 모든 이들을 위한 복음의 증인, 복음의 사역자 사도였습니다롬 9:3. 그가 걷는 길은 세상 모든 이들을 위한 헌신의 길이었습니다.

예루살렘에서 드리는 기도
갈등과 반목이 첨예한 상황에서도 복음으로 하나 되는 일을 위해 헌신하게 하소서.

가이사랴

고난과 순교를 청원한 자리

사도행전 25장 11절

만일 내가 불의를 행하여 무슨 죽을 죄를 지었으면
죽기를 사양하지 아니할 것이나
만일 이 사람들이 나를 고발하는 것이 다 사실이 아니면
아무도 나를 그들에게 내줄 수 없나이다
내가 가이사께 상소하노라 한대

해변의 가이사랴Caesarea Maritma에는 로마 총독부만 있었던 것은 아니었습니다. 가이사랴에는 헤롯의 궁전도 있었습니다. 원래는 헤롯 대왕이 자신의 별궁으로 지은 것이었지만 이후에는 헤롯의 계승자들이 별궁처럼 사용했습니다. 가이사랴 남쪽 끝 해변에 지어진 궁전은 꽤 멋진 풍광을 자랑했습니다. 궁전은 바닷가 바위 지대에 지어졌는데 궁전 끝 테라스에 서 있으면 파도치는 바다를 발아래 두고 멋진 지중해 풍경을 구경할 수 있었습니다. 이때 로마는 헤롯 아그립바 2세Herod Agrippa II를 그 아버지 아그립바 1세Herod Agrippa I에 이어 유대의 왕으로 세웠습니다. 단, 그의 통치 영역은 주로 갈릴리와 베레아 일대에 제한했습니다. 그러나 그에게는 특별한 지위가 있었습니다. 바로 '예루살렘 성전의 수호자a Protector of the Temple'라는 직책이었습니다. 그는 이 직책으로 유대교와 관련한 사안에 대하여 말할 권리를 갖고 있었습니다. 신임 로마 총독 베스도Porcius Festus는 그동안 묵혀 있던 바울 문제를 다루기로 하고 가이사랴 헤롯 궁전에서 재판을 열었습니다.

그 자리에는 권리를 가진 아그립바도 동참했습니다. 바울은 재판에
서 성전을 모독했다는 유대인들의 주장을 일축하고, 자신이 제국에
위협이 된다는 또 다른 주장이 자신이 원하는 대로 로마 법정에서 다
루어져야 한다고 말했습니다. 그는 특히 지혜로운 사람이라 알려진
아그립바에게 특히 이 주장을 펼쳤습니다^{행 26:2-27}. 아그립바는 바울이

죄가 없음을 분명히 했지만 그는 무죄인 바울이 로마로 가려는 것을
이해하지는 못했습니다^{행 26:31~32}. 어쨌든 로마 시민권자인 바울이 로
마로 가는 것은 명백해졌습니다.

바울의 로마행은 세상 권세의 결정에 의한 것이 아니었습니다. 바
울의 로마행은 하늘의 결정이었습니다. 하나님의 영은 바울에게 이

미 "담대하라 네가 예루살렘에서 나의 일을 증언한 것 같이 로마에서도 증언하여야 하리라"고 말씀하셨습니다^{행 23:11}. 바울은 지금 그 말씀에 순종하고 있는 것입니다. 바울의 길은 이제 "내가 가이사에게 상소하노라^{I appeal unto Caesar}"라고 담대하게 선언하며 당대 세계의 중심 로마로의 여정을 선택합니다.

가이사랴 헤롯 궁전에서 드리는 기도

세상 권세의 힘이 아니라 하나님의 부르심의 뜻을 따라 세상 가운데 서게 하소서.

멜리데

고난 가운데도 사도의 마음을 지킨 자리

사도행전 27장 22절
내가 너희를 권하노니 이제는 안심하라
너희 중 아무도 생명에는 아무런 손상이 없겠고 오직 배뿐이리라

지중해는 유럽, 아시아, 그리고 아프리카 대륙으로 둘러싸인 호수와 같은 바다입니다. 지중해는 다른 대양들에 비해 규모가 작습니다. 그러나 그 바다는 호락호락하지 않습니다. 지중해는 일반적으로 봄에서 여름 그리고 가을 초반에 이르기까지는 잔잔하고 매우 따뜻합니다. 그런데 가을 후반이 되고 겨울이 되면 사정이 달라집니다. 겨울 지중해는 난폭합니다. 오늘날에는 에우로클리돈Euroclydon이라고 불리는 유라퀼로Euraquillo, 유라굴로라는 폭풍이 몰타Malta, 멜리데 아래에서 발생하는데, 주로 동쪽으로 이동해 지중해를 지나는 배와 사람들을 크게 위협하기 때문입니다. 한편 바울 시대 지중해에는 주로 이집트에서 이탈리아 본토로 이동하는 곡물 수송함대frunentarii가 있었습니다. 이것은 당대 최대의 곡물창고인 이집트에서 밀을 싣고 이탈리아 본토로 가는 군인들의 배로, 이 수송은 로마 황제와 정부가 가장 중요하게 여기는 국가 업무 가운데 하나였습니다. 로마와 이탈리아에 곡물을 공급하는 중차대한 업무상 수송관들은 폭풍이 많이 부는 겨울이라도 업무를 중단할 수 없었습니다. 그들은 가능한 수리아와 소아시아 해안에 가까이 붙어 이탈리아로 이동하는 항로를 선택했습니다.

로마로 가게 된 바울은 호송하는 군인들과 함께 아드라뭇데노
Adramytium으로 가는 배를 이용해 소아시아 남부 무라Myra로 이동했습
니다. 그리고 거기서 이탈리아로 향하는 곡물 수송함대에 포함되어
이송됐습니다. 그러나 그들의 배는 그레데를 지나자 곧 유라굴로에
휘말리고 말았습니다행 27:14-20. 사람들은 크게 두려워했습니다. 곡물

을 수송하는 책임을 맡은 사람들은 호송하는 곡물을 잃을 두려움에 빠졌습니다. 그때 바울은 그들을 위로하면서 그들 가운데 누구도 죽거나 해를 입지 않을 것이라고 말했습니다행 27:22-26. 그리고 이후 그들이 멜리데 섬에 닿을 때까지 배 안에 있는 모든 사람을 먹이고 살리는 실질적인 지도자로서 역할을 다합니다행 27:27-28:1. 생명을 구하는 일이 천하의 무엇보다 중요합니다. 로마로 가는 길에서 바울의 모습은 마치 방주를 이끄는 노아와 흡사합니다. 그는 로마로 가는 배를 기소당한 사람이 아닌 생명으로 이끄는 인도자의 모습으로 가득 채웠습니다.

광풍 한 가운데서 드리는 기도

세상의 풍랑 가운데서라도 형제와 피조물의 생명을 살리는 헌신을 이루게 하소서.

로마

복음을 위하여 끝까지 나아간 자리

사도행전 28장 30~31절
바울이 온 이태를 자기 셋집에 머물면서
자기에게 오는 사람을 다 영접하고 하나님의 나라를 전파하며
주 예수 그리스도에 관한 모든 것을 담대하게 거침없이 가르치더라

로마Rome는 지중해의 어느 도시만큼 오래된 도시였지만 신화나 신비보다는 이성과 법과 정치가 지배하는 도시였습니다. 종교가 있기는 하나 도시의 중심은 아니며, 신이 있기는 하나 그것이 인간 이성의 한계를 넘어서서 존재하지 않았습니다. 현명한 통치자들이 지배하던 시절, 로마에서 무엇보다 중요한 것은 법이 얼마나 합리적으로 적용되고 있느냐는 문제였습니다. 그래서 트라야누스 황제도 그렇게 단언한 것처럼, 주후 1세기와 2세기 시절 로마는 무고죄를 심각하게 다루었습니다. 이 시기 로마에서는 확정적인 논리와 증거 없이 함부로 시민권자를 고소하는 일은 가능한 자제하는 분위기였습니다. 재판이 불가결하게 진행될 경우에는 고소인들이 피고소인과 함께 반드시 재판에 참석하는 일은 중요했습니다.

주후 60년경 로마로 간 바울은 피고소인의 신분으로 로마의 중심지 카피톨리노 언덕 주변의 주택에 연금되었습니다. 로마 정부는 가둔다기보다는 보호한다는 명분에서 항상 바울 주변에 항상 군인이 지키고 있게 했습니다. 바울은 그렇게 절반의 자유의 조건으로 재판

을 기다렸습니다행 28:30. 그는 아마도 로마 체류 2년여가 지난 시점에서 재판을 받은 것으로 보입니다. 그때 바울을 고소한 예루살렘의 유대인들도 로마에 와서 재판에 참여했을 것입니다. 일단의 학자들은 바울이 이 극렬한 고소인들이 참여한 재판을 살아 넘기기가 쉽지 않았을 것이라고 말합니다. 우리는 그 구체적인 결과를 알 수는 없습니

다. 단, 우리는 그가 연금 상태에서 마지막에 한 일들의 대체적인 윤곽을 그려볼 수는 있습니다. 바울은 재판을 기다리고 재판이 진행되는 내내 자기변호보다는 예수 그리스도의 복음을 전하는 일에 더 매진했습니다^{행 28:23}. 그는 유대인들에게 복음 전하는 일에도 여전히 열심이었습니다. 아울러 그는 마가나 아리스다고, 에바브라나 오네시모와 같은 제자들과 함께하며 그들과 연계하여 로마의 교회를 비롯한 그가 세운 여러 교회와 영적인 교류를 나누었습니다. 그는 "살아도 주를 위하여 살고 죽어도 주를 위하여 죽는" 진정한 예수 그리스도의 사람이었습니다^{롬 14:8}. 그의 길에서 항상 우선하는 것은 '예수의 복음'이었고 그것을 전하는 일이었습니다.

로마의 감옥에서 드리는 기도

하나님께서 세상의 주권자이심을 고백하며 두려움 없이 헌신하는 삶을 살게 하소서.

그레데
세대를 잇는 사역을 일군 자리

디도서 1장 4~5절
같은 믿음을 따라 나의 참 아들 된 디도에게 편지하노니
하나님 아버지와 그리스도 예수 우리 구주로부터
은혜와 평강이 네게 있을지어다
내가 너를 그레데에 남겨 둔 이유는 남은 일을 정리하고
내가 명한 대로 각 성에 장로들을 세우게 하려 함이니

그레데Crete, 크레타는 미케네와 같은 문명이 일어나기 훨씬 전 에게해를 기반으로 번성한 미노스 문명의 본거지였습니다. 아테네의 첫 왕 테세우스Theseus가 이곳 미궁에 있던 소의 머리를 가진 괴물 미노타우로스를 죽인 이야기로 유명합니다. 그레데는 주전 15세기 이후 아테네와 같은 본토 폴리스들이 번성하면서 위축되었습니다. 이후 사람들은 크레테에 큰 관심을 기울이지 않았고, 로마시대에 섬은 정치인들의 유배지로 사용되기도 했습니다. 그러나 그레데는 위치상 지중해를 오가는 배들과 상인들에게 중요한 기항지 혹은 피항지였습니다. 그래서 그레데 사람들은 오가는 배들과 뱃사람들을 위한 서비스업을 통해 번성했습니다. 흥미로운 것은 바울이 제자 디도에게 "그레데인들은 항상 거짓말쟁이며 악한 짐승이며 배만 위하는 게으름뱅이라"고 말한 것입니다딛 1:12. 이 말은 주전 7세기 시인이자 예언자인 에피메니데스Ephimenides의 말을 인용한 것이었습니다. 이런 말들로 보아 당시 그레데 사람들은 지중해 권에서 여러모로 좋지 않은 평판을 받

앚던 것으로 보입니다.

바울은 재판을 받기 위해 로마로 가는 길에 그레데 섬 북쪽을 지나갔습니다. 후에 바울은 재판을 끝내고 풀려난 뒤 제자인 디도와 함께 이곳에 와서 복음을 전하고 교회를 세웠습니다. 바울은 이때 디도를 섬에 남겨 뒷일을 감당하게 했습니다딛 1:5. 이후 바울은 니고볼리

Nicopolis로 가서 거기서 복음을 전했는데 이때 다시 디도를 불러 자신이 다하지 못한 달마시아의 사역을 뒤이어 감당하게 합니다딛 3:12, 딤후 4:10. 디도는 사실 바울이 신뢰하던 제자로 바울의 여러 가지 일들을 감당했습니다. 대표적인 것이 예루살렘 회의 때 할례받지 않은 이방인 그리스도인으로 바울을 수행하고행 15:1-2, 에베소에서 고린도로 편지를 가지고 가 고린도 교회 문제를 정리한 것입니다고후 7:16. 바울에게는 디도 및 디모데와 같은 협력하는 다음세대 사역자들이 있었습니다. 디모데는 에베소에서 디도는 이곳 그레데에서 바울의 사역을 잇고 확장했으며 심화했습니다. 그들은 신실하게 바울의 사명과 헌신을 그들의 세대에 이어갔습니다. 바울의 길 마지막 여정에는 세대를 잇는 동역자들이 있었습니다.

그레데에서 나누는 기도

오늘 복음을 전하고 가르치는 일이 다음세대 당신의 백성들에게서 신실하게 이어지게 하소서.

트레 폰타네

복음을 위해 자기를 내놓은 자리

디모데후서 4장 6-8절

전제와 같이 내가 벌써 부어지고 나의 떠날 시각이 가까웠도다
나는 선한 싸움을 싸우고 나의 달려갈 길을 마치고 믿음을 지켰으니
이제 후로는 나를 위하여 의의 면류관이 예비되었으므로
주 곧 의로우신 재판장이 그 날에 내게 주실 것이며
내게만 아니라 주의 나타나심을 사모하는 모든 자에게도니라

   바울의 마지막에 대해서는 사실 여러 견해가 있습니다. 가장 믿을
만한 기록인 역사가 유세비우스의 전언에서도 바울의 마지막은 "전
하는 말에 의하면"이라는 말로 시작합니다. 사실 바울의 마지막에 대
해서는 몇 가지 버전이 있습니다. 첫째는 60년경 가이사랴에서 로마
로 호송되어 2년을 기다린 뒤 재판을 거쳐 유죄 판결을 받은 뒤 거기
서 바로 처형되었다는 이야기입니다. 이렇게 되면 사도행전 28장은
진정한 바울의 마지막 이야기가 됩니다. 둘째는 바울이 최초 자유로
운 구금상태에서 재판을 거쳐 더 엄중한 구금상태로 넘어갔다가 최
종적으로 처형되었다는 이야기입니다. 이렇게 되면 디모데후서의 오
네시보로는 두 번째 구금상태로 넘겨진 바울의 찾기 위해 로마로 와
서 백방의 노력을 기울인 것으로 보입니다_{딤후 1:16-18}. 마지막은 바울이
첫 재판에서 풀려나 자유인이 된 후 계획대로 스페인으로 갔다가 달
마시아와 그레데 등에서 사역한 뒤 다시 로마로 돌아와 네로 황제 시
절인 주후 66년경 최종 순교했다는 이야기입니다. 이 이야기는 가장

설득력 있게 사람들 사이에서 회자되고 있습니다.

우리는 바울의 마지막 처형에 대해서만큼은 공통된 이야기를 알고 있습니다. 그는 네로가 주후 64년에 일으킨 로마의 대화재 당시에 베드로와 함께 체포되었습니다. 그리고 오스티아 가도via Ostia의 세 번째 이정표 근처 아쿠애 살비에Aquae Salvie, 오늘날 트레 폰타네라는 곳에 감금되었다가 거기서 로마 시민권자에 어울리는 처형 방식으로 참수되었습니다. 바울은 열정의 사람이었습니다. 그는 열정으로 예루살렘에서 성장한 뒤, 열정으로 예수님을 만났고, 열정으로 예수의 길을 배웠으며, 그리고 열정으로 당대 세계의 동쪽에서 서쪽 끝을 아우르는 위대한 선교여행을 완수했습니다. 디모데후서 4장에 나오는 바울의 마지막 유훈은 그의 모든 위대함에 비해 담담합니다. 그는 자기가 부린 열정의 삶이 믿음 가운데 면류관이라는 결실로 나타나기만을 바랐습니다. 그런데 그는 마지막 바람까지도 자신이 아닌 그리스도 예수의 것으로 채웠습니다. 그는 마지막 길에서도 그리스도 예수의 도리를 위해 온전히 자기를 드린 사람이었습니다. 바울은 진정 예수에게 사로잡혀 사명의 길을 완수한 사람이었습니다.

트레 폰타네에서 드리는 기도
바울처럼 마지막 말들까지도 온전히 주님과 그 나라를 위해 드릴 수 있게 하소서.